KB017091

기
억
극
장

기억극장

사진의 순간들,
기억의 단편들

김은산 글
이갑철 사진

아트북스

일러두기
* 단행본·잡지·신문 제목은 『 』, 영화·단편소설·시·기사 제목은 「 」, 공연·전시회·TV프로그램 제목은 〈 〉로 묶어 표기했습니다.
* 인명과 지명 등의 외래어 표기는 국립국어원의 규정을 따르는 것을 원칙으로 했습니다.

나의 아버지
김재호에게

제주, 1979

1.

한 권의 책과 한 장의 사진에 이끌려 나는 이 책을 쓰게 되었다. 먼저 한 권의 책에 대해 이야기하고 싶다.

1970년대 중반 한 소설가는 "가만히 있을 수 없어" 책 한 권을 썼다. 지구에 불시착한 어린 왕자처럼 살아간 난쟁이 일가의 삶을 그린 이야기였다. 그로부터 10년이 지난 어느 해, 그는 또 다시 같은 생각에 사로잡혀 책 한 권을 썼다. 1980년 봄 남쪽 어느 도시에서 일어난 일이 그가 다시 책을 쓰도록 이끌었다. "슬프고 겁에 질린 사람들을 위한 책." 이번에는 자신이 찍은 사진도 담았다. 소설가는 깊은 슬픔을 꾹꾹 눌러 담으며, 이 땅에 사는 한 사람의 시민으로서 그동안 우리가 지어온 죄에 대해 말하고 싶다 했다.

'죄'라는 말 앞에 멈추어 선다.

3년 전 봄, 바다에서 많은 사람들이 돌아오지 못했다. 그 배와 함께 무언가 깊이 가라앉았다. 우리들의 무언가도 함께 묻혀버린 것이 분명했지만 그것이 무엇인지 떠올릴 수 없었다. 마음이 죽어버린 것일까. 우리 역시 가라앉고 있었다.

그 봄이 지나고 마음 깊은 곳의 지류를 떠다니는 부유물 같은 감정의 잔해를 건져 올리려 했지만 번번이 실패하곤 했다. 그즈음 한 장의 사진을 만났다. 사진은 먼 여행에서 돌고 돌아 내 앞에 당도한 것처럼 보였다. 오랜 시간 바다를 떠돌다 도착한 병 속의 편지처럼.

바다에는 비가 내리고 있었다. 사람들은 우비를 입거나 우산을 쓴 채 바다를 바라보고 있었다. 그들은 곧 올 누군가를 기다리는 것처럼 보였다. 자신들에게 다가올 미래를 염려하는 것처럼 보이기도 했다. 사진은 1980년대를 앞둔 1979년, 제주에서 촬영된 것이었다. 돌아오지 못한 아이들이 가려던 그곳. 주문에 이끌리듯 그해 봄 바다를 떠올렸다. 분리된 두 시간을 하나로 연결하는 것은 바다에서 돌아오지 못한 사람들이었다.

사진은 어떤 전조 같았다. 우리가 맞게 될 삶을 예견했고, 삶

은 사진을 닮아갔다. 또 다른 시간, 또 다른 항구에서 돌아오지
못한 사람을 기다리며 바다 곁을 지키는 사람들이 있었다. 우리
역시 또 다른 시간, 또 다른 장소에서 그해 봄 바다와 마주쳤다.
우리도 그 바다를 떠나지 못했다.

2.
1979년 제주에서 촬영된 사진 앞에서 느꼈던 상념의 일부는, 기
억 외에는 우리 곁을 떠난 사람들과 나눌 것이 더 이상 없는 순
간이 올 것이며, 그마저도 언젠가 희미해질 것이라는 사실이었
다. 무엇보다 비감 어린 일은 그들과 미래를 공유할 수 없다는
사실이었다. 오래도록 바다를 바라보며 사람들이 엿본 것도 그
런 시간의 운명이 아니었을까.
    우리가 아는 시간은 모두 그것을 말하고 있었다. 그런 시간에
저항하고 싶었다. 그렇지 않은 시간이 있다고 말하고 싶었다. 존
버거는 말했다. 사진과 기억은 시간의 흐름에 의존하면서 동시
에 거기에 맞선다고. 어떤 순간을 보존함으로써 그 안에 담긴 모
든 이미지들이 공존할 수 있는 어떤 '동시성'의 형식을 보여준다
고. 그 둘은 계시의 순간을 애타게 찾는데 왜냐하면 그 순간이
야말로 시간의 흐름을 견뎌내는 사진과 기억의 능력을 온전히
보여주기 때문이라고.

비 오는 바다를 바라보는 사람들의 뒷모습을 사진은 가만히 바라본다. 아니, 그 바다를 떠나지 못하는 사람들이 사진을 붙들어 두고 있었다. 그들은 그저 가만히 서 있는 것이 아니었다. 그들은 어떤 계시의 순간을 기다리고 있는 것은 아닐까. 사진은 그들과 함께 그 자리에서 그 순간을 기다리고 있는 것은 아닐까. 시간을 뛰어넘어 내 앞에 도착한 사진은 그렇게 말하고 있었다.

3.

일종의 계시의 순간을 가져다준 사진은 사진가 이갑철의 초기 작품으로, 작가 자신에게는 '사진을 발견한 순간'으로 기억되는 작업이기도 했다. 그 사진에 이끌려 나는 이갑철의 1980년대 작업으로 다가갔다. 사진과 기억의 문제를 조금 더 탐구해보고 싶었다. 무엇보다 이갑철의 사진에서 '내가 본 것이 무엇인지' 알고 싶었다.

"그의 일생에 걸친 작업은 미국의 기억을 목록으로 구성한 것이었다. …… 그가 보는 모든 것들은 기억 그 자체와 같았다." 사진가 워커 에번스의 작업에 대해 제프 다이어가 남긴 말이다. 그의 말은 이갑철의 작업에도 합당한 말이다. 1980,90년대 이갑철의 작업은 한국인의 기억의 목록을 축적한 것이었다.

기록을 통해 역사를 재현하는 사진에 익숙한 사람들에게 이갑철의 사진은 낯설게 다가올 것이다. 그의 사진은 과거의 파편에 가깝다. 프레임으로 잘려버린, 파편화된 조각들. 우리에게 닥친 그 무엇으로 인해 조각나버린 시간들. 파괴된 이야기, 직면하고 싶지 않은 이야기의 조각들이다. 벤야민은 두 번의 세계대전을 치른 독일의 역사를 숙고하며, 역사적 기억이란 과거의 살아 있는 파편들의 극장과 같은 것이라고 말했다. 그 비유에 기댈 수 있다면, 이갑철의 사진은 한국인의 집단적인 기억을 이끌어내는 '스틸사진'들이라 할 만하다. 그의 사진에 이끌려 우린 한 번도 방문하지 않았던 기억의 극장으로 입장하게 된다.

극장의 어둠 속에서 우리가 마주하게 되는 것은 우리 자신의 낯선 과거다. 그제야 얼굴을 드러내는 한국이라는 공간의 복잡한 과거다. 우리는 더 이상 '기억 속의 한국'에 머무를 수 없다. 어둡고 불편한 기억이 순서 없이 등장하는 낯선 꿈처럼 한 번도 만난 적 없는 풍경들과 얼굴들이 우리를 향해 다가온다. 중심이 없는 풍경들과 익명의 얼굴들. 그들은 우리에게 아무런 말도 건네지 않는다. 우린 속수무책으로 그 풍경을, 얼굴을 바라볼 수밖에 없다. 그렇게 한참을 바라보다 보면, 문득 느껴지는 것이 있다. 그 풍경이, 얼굴이 전하려는 바는, 우리가 그 안에서 우리 자신의 자리를 찾고, 그 시간 속에 머무르길 바란다는 것이다.

이갑철의 사진은 기존의 다큐멘터리 사진과는 다른 위치에서 바라볼 수밖에 없다. 그가 포착하려는 것은 어떤 사건이나 상황이 아니다. 차라리 어떤 정서나 감정에 가깝다. 그는 역사적 사실이나 사건이 아니라 어떤 사건이나 상황을 마주한 사람들의 정서와 감정의 목격자가 되려 한다. 그렇게 발화된 적도, 공유된 적도 없는 기억과 감정을 증언하려 한다. 한 시대를 설명하는 대신 우리를 그 시간 속에 머무르도록 하여 그 순간의 기억과 감정을 고스란히 되돌려주는 방식으로, 그 상황을 '보이게 하는' 것이 아니라 기억과 감정을 마주할 수 있는 자리로 되돌려 놓는다.

4.

이갑철의 1980년대 사진에 매달려 있는 동안, 그 시절의 이야기로 돌아가려는 다른 많은 사람들을 지켜보았다. 처음엔 그렇게 생각했다. 새로운 전망이 결여될 때 사람들은 (물론 나 자신을 포함하여) 과거로 돌아가기 마련이며, 그것은 결국 지나간 시절에 대한 감상 어린 회고에 지나지 않을 뿐이라고. 하지만 그것만은 아니었다.

1980년 봄 남쪽의 도시에서 일어난 일과 그로부터 30여 년이 흐른, 그해 봄 바다에서 일어난 일은 데칼코마니처럼 닮아 있었다. 30여 년 전의 우리는 그 비극을 온몸으로 돌파하려 했으나 지금의 우린, 마음이 죽어가고 있다. 1980년대의 분노와 열정, 동요는 이제 사위어가는 마음의 잔해와 재로 남았음을 알았던 것 같다. 어떤 회귀의 지점들을 찾고 있었던 것인지 모른다. 지금의 우리를 만들었고, 어쩌면 새로운 가능성을 위한 무언가가 처음 열렸던 그 시간으로 돌아가 모든 것을 새롭게 시작하고 픈 열망 말이다. 설령 그것이 부질없고, 가능한 일이 아닐지라도.

5.

사진에서 '그동안'이라는 시간은 존재하지 않는지도 모른다. 단지 순간들만이 있을 뿐이며 그 순간들 사이에는 아무것도 없는 것인지도. 부재의 시간은 사진을 바라보는 우리 스스로 채워야 하는 것인지 모른다. 이갑철은 우리가 망각으로 이끌려 들어가기 전의 순간을 카메라의 셔터를 눌러 포착한다. 그의 사진을 다시 바라봄으로써 우린 눈감고 망각하고 있던 시간을 다시 떠올린다.

　지금, 우리에게 당도한 그의 사진은 과거를 향해 잊었던 말을 건넨다. 그사이 얼마나 시간이 흘렀으며 우리에게는 무슨 일이 있었던 것인지. 우리가 깨달아야 할 것은 무엇이고 기억해야 할 것은 무엇인지. 망각될 수 없는 세월은 무엇인지. 어떤 세월이 우리를 다시 바다로 이끈 것인지.

이 책을 쓰도록 이끈 소설가는 사진을 바라보는 일에 대해 다음 같은 말을 남겼다. 나는 그의 말을 모두 옮기고 싶다.

최근에 와서야 나는 사진이 갖는 기능 가운데서 내가 힘 빌려야 할 한 가지를 발견했는데, 그것은 기본 과제 해결에 그렇게 열등할 수밖에 없는 민족인 우리가 버려두고 돌보지 않은 것, 학대하는 것, 막 두드려버리는 것 그리고 어쩌면 지난 시절의 불행이 떠올라 몸서리치며 생각도 하기 싫어하는 것들을 다시 우리 것으로 받아들이게 하는, 재소유시키는 기능이었다.

_조세희, 『침묵의 뿌리』(열화당, 1986)에서

사진과 기억이 시간에 저항하면서 우리에게 되돌려주는 것은 무엇일까. 그것은 추상적이고 물리적인 '시간'도, 우리를 짓눌렀던 '시대'도, 무정하게 흘려보낸 '세월'도 아니다. 우리가 버려두고 돌보지 않은 시간, 우리 자신에게 일어난 일이지만, 그 순간 결코 깨닫지 못했던 이야기들, 바로 우리 자신이다.

이제 병 안에 담긴 편지처럼 내 앞에 도착한 사진 꾸러미를 펼쳐보려 한다. 그 속에 담긴, 우리 자신이 하지 못했던 이야기를 꺼내보고 싶다. 잊힌 얼굴을 만나고 싶다. 먼 바다를 향해 서 있던 사람들이 그리워했던 얼굴을 바라보는 것처럼 오래도록.

그리고 이제 그 바다를 가만히 바라보기로 한다. 피하지 않고, 눈감지 않고, 뒤척이지 않고. 마음 깊은 곳을 떠돌던 말들이 먼 길을 돌고 돌아 수면 위로 떠오르기를 기다리면서. 그해 봄 바다에서 돌아오지 못한 사람들을 위한 말을 찾을 수 있으리라 고대하면서.

6.

이 책은 이갑철 선생님의 도움 없이는 완성되지 못했을 것이다. 오랜 시간 기다려주시고, 귀한 사진을 싣도록 허락해주신 것에 깊이 감사드린다. 책에 실린 사진들은 '타인의 땅'이라는 주제로 묶인 1980년대 작업의 일부이며, 처음으로 소개되는 여섯 장의 사진을 포함하고 있다.

1

굽은 다리로 걸어가는 사람들

오
래
된
집

이것은 오래된 집에 관한 이야기다. 그 집에 머물렀던 사람들에 관한 이야기다. 집은 오랫동안 방치되어 있었다. 낡고 허물어져 가는 그곳에 누가 살 수 있을지 상상할 수 없었다. 무너지지 않고 버티고 있는 것이 신기하다고들 했다. 사실 언제 와르르 무너져도 이상할 게 없었다. 집에 대해 알고 있는 사람들은 가여운 어린 영혼을 지키지 못한 그 집이 차라리 무너져버렸으면 좋겠다고까지 말했다.

집을 떠난 사람들은 오랫동안 그 집을 잊고 지냈다. 되도록 기억하려 하지 않았고, 이야기하고 싶어 하지 않았다. 그러나 불현듯 찾아오는 순간적인 어둠 속에, 얼핏 스쳐 지나가는 사람들의 얼굴에서 잠깐씩 그 집을 떠올리곤 했다. 자신을 엄습했던 꿈의 연원이 그 집 어딘가에 있다는 사실을 어렴풋이 깨닫기도 했다. 그럴 때면 마음 깊은 곳에서 한 번도 들어가본 적이 없는 어둠을 발견한 듯 두려움에 휩싸여 재빨리 다른 생각으로 옮아가곤 했다. 그들의 일부는 여전히 오래전 떠난 그 집을 벗어나본 적이 없다는 사실을 받아들일 수 없었던 것이다. 이곳저곳을 헤매다 결국 찾게 되는 곳, 먼 길의 종착지가 결국 그 집이라는 사실을 말이다.

그 집을 스크린에서 다시 보았다. 내가 알고 있는 그 집이 맞는지 확인하고 싶었다. 어둠 속에서 숨을 죽인 채 그 집이 나타나길 기다렸다. 집은 여전히 그곳에 있었다. 폐가가 된 집. 그리고 도대체 언제부터 그렇게 쌓여 있었는지 가늠할 수도 없는 쓰레기 더미들이 눈앞에 있었다. 공포스러웠다. 영화 속에서도 사람들은 그 흉물스런 광경과 악취로부터 고개를 돌리고 서둘러 그 자리를 떠났다. 누구도 쓰레기 더미를 치우지 않았다. 아무도 돌아보지 않았다.

틀린 답을 똑같이 베끼듯 영화는 현실을 베끼고 있었다. 사람들은 너무나 쉽게 죽고, 주인공은 어떤 선택도 하지 않으며 자신이 무슨 짓을 했는지 알려 하지 않은 채 같은 잘못을 반복했다.

너무나 쉽게 소리를 지르고, 너무나 쉽게 눈물을 흘리지만 진실 앞에선 헛웃음이 나온다는 것을 알지 못했다. 악령을 연상시키는 일본인도, 알 수 없는 병에 걸려 끔찍한 저주를 퍼붓는 소녀의 외마디도, 죽어도 다시 벌떡 일어나 다가오는 좀비 같은 이웃도 모두 우스꽝스러웠다.

그럼에도 영화를 몇 번씩 보는 사람들이 많다고 했다. 사람들은 영화에서 무엇을 본 것일까. 더 이상 가릴 수 없는 지경이 된 쓰레기 더미들을 그들도 보았던 것일까. 썩을 대로 썩어 더 이상 감출 수도 없는, 차오를 만큼 차올라 뱉어내지 않으면 안 될 임계점에 다다랐다는 것을 모르지 않았던 것일까. 다만 무엇을 해야 할지, 그것을 감당할 수 있을지 두려움에 차마 입 밖으로 꺼내지 못했던 것인가. 그렇다면 '곡성'은 폐가에서 울려 나오는 곡소리가 아니라 우리 안에서 터져 나오는 흐느낌이었을 것이다.

영화는 어떤 악몽을 묘사하고 있었다. 그것은 끈질기게 반복되는 꿈처럼 우리가 반복해서 실패하는 현실의 모습이기도 했다. 새로운 인물이, 서로 다른 상황에서, 다른 이유를 갖고 등장하지만 늘 문제를 같은 방식으로 해결해서 실패하는 꿈. 우리자신의 무능력을 마주하면서 느끼는 환멸과 패배감 말이다.

도대체 어떻게 이 지루한 악몽에서 깨어날 수 있을까. 낡은 것

경상남도 산청, 1987

은 연명하고 있지만 새로운 것은 아직 태어날 수 없다는 데 우리의 위기가 있으며 그러한 공백기에 다양한 병적 증후가 나타나기 시작한다고 그람시는 말했다. 우리가 느끼는 위기와 징후는 어떤 정신적 공백의 상태와 역사적 타성에서 비롯된 것이며 그것은 무언가를 하지 못했다는 '미완의' 사실에 놓여 있다. 우리는 분단체제를 끝내지 못했으며 부당한 역사를 청산하지 못했다. 폐허가 된 집을 버티고 있는 기둥처럼 그 두 가지 사실이 우리의 삶을 관통하고 있다. 사람들은 무의식적으로 그 사실 안에서 계속 맴돌고 있다. 그러나 그 때문에 피 흘리는 사람은 이제 많지 않다. 어쩌면 그래서 역사로부터 멀어졌는지 모른다.

아룬다티 로이의 『작은 것들의 신』에는 역사에 관해, 오래도록 기억하고 싶은 비유가 하나 등장한다. 주인공들의 삼촌은 옥스퍼드를 졸업하고 영국인보다 더 품격 있는 영어를 구사하는 인도 최고의 엘리트이지만 폐인이 되어버린 사람이다. 그는 주인공들에게 말한다. "역사란 한밤중에 서 있는 오래된 집 같은 거다. 등불을 모두 밝히면 그 안에 있는 조상들은 웅얼거릴 거야. 하지만 우리는 그 소리를 이제 이해할 수 없단다. 우리 마음이 전쟁으로 침범 당했기 때문이지. 우리가 이겼지만 가장 나쁜 전쟁, 그 전쟁이 우리의 꿈까지 옭아매었고, 우리 꿈을 다시 꾸게 하였다."• 그러나 삼촌 역시 자기 자신의 역사로부터 아무것도 배우지 못했고, 과거의 잘못에 또 하나의 불행을 하나 더 얹었을 따름이다.

• 아룬다티 로이, 『작은 것들의 신』(문학동네, 2016)
•• 김해자, 「어진내에 두고 온 나」에서, 『집에 가자』(삶창, 2015)

전쟁의 피로 얼룩지고 오랜 억압의 그늘에서 살아온 부모 세대의 고통과 어두운 그림자가 어른거리는 꿈. 그 고통의 일부를 물려받은 우리가 악몽처럼 반복해서 꾸는 꿈. 현실이라는 이 상상적인 세계에 매달려 우리는 악몽 하나를 더했을 뿐이다. 결코 벗어날 수 없는 안락의 꿈 말이다. 우리의 꿈은 옭아매져 있고 아직 그들의 꿈 속에 갇혀 있다. 우리 자신의 꿈으로 다가서지 못한 채 오래전 잃어버린 이상을 기억하지 못하고 있다.

그래서 우리 마음의 시점은 좀처럼 이동하지 않는다. "앞으로 달려온 줄만 알았더니 제자리에서 선 뜀박질"을 했던 것이다. 낡은 집을 떠났으나 우리 마음의 앙시앵레짐은 여전히 거기서 벗어나지 못했다. "아직도 내가 거기에 있다니, 내가 떠나온 그곳에 다른 내가 살고 있다니"•• 말이다.

우리 각자에게는 돌아보지 않은 오래된 집이 있다. 역사, 무의식, 오랜 상처, 고통의 기억. 그것을 무엇이라 불러도 상관없다. 다만 폐허에 쌓여 있는 쓰레기더미 위에 한 켜를 더 얹지 않기 위해 이제 오래된 집으로 돌아간다. 우리 안에서 이미 죽어버린 꿈들을 애도하고, 다시 살려내야 할 무언가를 아직 발견하지 못한 사이 마치 좀비처럼 죽어도 죽지 않고, 살아도 사는 것 같지 않은 헛된 꿈을 떨쳐내기 위하여. 이미 죽어버린 것들에게 마지막 인사를 전하고, 떠도는 죽음에 제대로 된 무덤을 선사하기 위하여. 그 답을 찾기 위해 오래된 집의 문을 열고 한 번도 마주하지 않았던 어두움을 응시하려 한다. 그곳에서 새로운 과거를 발견할 수 있기를 기대하면서.

소의 행방을 묻다

풍경은 언제나 하나의 이미지 이전에 어떤 인식의 틀이다. 풍경을 풍경으로 보이도록 만드는 틀. 그 틀은 감춰져 있기 마련이다. 그래서 좀처럼 자각하기 힘들다.

'한국적인 풍경'이라는 것이 있다. 실제 존재하는 풍경 이전에 우리가 기대하는 어떤 풍경이다. 그것들은 대개 자연스러움을 가장한 양식화된 요소들로 채워져 있다. 「6시 내 고향」에서 만나는 시골의 넉넉한 인심처럼.

'한국적인 풍경'을 기록하는 사진가들의 촬영 목록에 소는 빠지지 않았다. 소라는 존재는 농경문화의 상징이자 땅에 매여 살아온 민중의 또 다른 자아로서 '한국적인 풍경' 속에 의식되지

경상남도 진주, 1987

않은 채 늘 포함되어 있었다. 소는 그 존재가 풍경에서 사라져간 모습을 우리는 제대로 기억하지 못한다. 시대의 흐름에 따른, 자연스러운 결과라고 지나치며 넘어갔을 듯싶다. 그렇게 익숙했던 많은 것들이 사라졌고, 또 앞으로도 그러할 것이다.

　우리의 기억처럼 무심한 풍경이 눈앞에 펼쳐진다. 강가에 소를 몰고 온 남자의 포즈는 목가적인 풍경에 어울리는 '목동'의 자세와 다르지 않다. 하지만 그가 바라보는 풍경은 예전 같지 않다. 멀리 현대적인 교각과 건물이 보이고, 하늘에 떠 있는 애드벌룬 아래 강에는 보트를 탄 관광객들이 적지 않다. 그가 앉아 있는 곳은 소에게 물을 먹일 수 있는 강둑이 아니라 주차장의 빈터로 보인다. 강가 주변은 수상 스포츠를 즐기는 유원지로 변했다. 소를 몰고 나온 남자에게는 이 모든 풍경이 이질적일 테지만 사태는 그의 생각과 다르다. 전체 풍경에서 바라보면 이질적인 것은 소와 남자다. 그래서일까, 남자의 뒷모습은 한가롭지만 한편으론 맥 빠져 보이기도 한다.
　사진가는 그저 맥 빠지고 지루한 풍경을 보여주고 싶었던 것은 아니다. 풍경을 바라보는 시점은 전체 화면을 거의 대칭에 가깝게 양분하고 있다. 그 자리는 소와 남자의 시점도, 풍경 전체를 완벽하게 관조하는 위치도 아니다. 그 자리는 그저 무언가를

경상남도 진주, 1987

바라보는 자리가 아니라 무엇인가를 느껴야 하는 자리인지 모른다. 사진가는 한 걸음 자리에서 물러나, 그렇게 바깥에서 한때 우리가 소와 함께 머물러 있던 자리를 바라보도록 이끈다. 그렇게 머물렀던 자리를 바라보면서 문득, 시간이 흘렀음을 깨닫는다. 지나간 시간. 그 앞에서 마음은 기우뚱, 흔들린다. 시선이 한쪽으로 기운 이유를 알 것 같다.

이제 풍경을 구성하는 상황들이 더 눈에 들어온다. 눈앞에 보이는 광경은 앞서의 풍경을 줌인으로 다가가 상황을 더 자세히 포착하는 듯하다. 모터보트에 탄 중년 남성들이 눈에 들어오고, 뒷짐을 진 채 그들을 바라보는 할아버지가 시야를 막아선다. 그의 곁에는 어김없이 소가 자리한다. 전경을 삭제한 프레임은 화면에 뜻밖의 긴장을 부여하고, 사진을 바라보는 사람을 상황의 공모자로 초대한다.

노인과 모터보트를 탄 중년 사내들은 같은 공간에 있는 것이 이상해 보일 정도로 거리감이 느껴진다. 소와 노인의 심리적 거리를 고려하면 그들의 관계는 더욱 이질적으로 보인다. 노인이 입은 한복은 이를 더욱 두드러져 보이게 만든다. 중년 사내들과 노인의 대비는 '아버지와 아들'이라는 세대 간의 문제와 남성들의 경쟁적인 권력관계를 내비치는 듯하다. 노인은 눈앞에서 벌어지는 상황을 긍정도, 부정도 하지 않은 채 뒷짐을 진 채 바라볼 뿐이다. 우리는 노인의 얼굴을 볼 수 없는 대신 소의 옆모습을 지켜본다.

사진은 우리가 보고 있는 광경이 무엇인지, 어떤 일이 벌어지고 있는지 알려주지 않는다. 드러나지 않은 프레임 바깥과 관련된 일이라는 암시를 던질 뿐이다. 무언가 일이 벌어지고 있는데, 우리는 그것을 알지 못하며, 그것이 무엇보다 우리 자신에게 온당하지 않다는 사실을.

프레임에 갇혀 풍경이 어느새 광경으로 바뀌었는지, 프레임 바깥에서 어떤 일이 벌어지고 있었는지, 노인과 소는 어떻게 되었는지 누구도 굳이 알려 하지 않았다. 그러던 중 소의 행방에 대해 믿을 수 없는 소식이 들려오기도 했다. 소설가 박민규가 내놓은 조금 엉뚱하지만 그럴듯한 추측이다. 어느 날 밤 축사 한쪽을 뚫어버릴 정도로 강력한 충격과 함께 하늘에서 UFO가 출현했고, 소들은 믿을 수 없는 힘에 의해 하늘로 빨려 올라가 그들과 함께 사라졌다는 것이다. UFO는 소들을 폐사시키는 것도 모자라 농촌을 피폐화시켰다. 소설가는 그들이 사라지고 남은 자리에 미스터리 서클처럼 남아 있는 글자가 바로 KS(코리안 스탠다즈)라고 천연덕스럽게 응수한다. 소설가의 능청스런 입담 덕분에 우린 외계의 침탈과 습격이라는 그럴듯한(?) 이유와 그

충격으로 아무것도 기억할 수 없게 되었다는 더욱 그럴듯한 알리바이를 갖게 되었다. 그러나 무엇보다 그 모든 일을 기억하기에는 먹고사는 일이 너무 바빴다.

그로부터 몇 년이 흘러 우린 그들의 행방을 알게 될 것이다. 산골의 노인 부부와 함께 나이 먹어 가는 일소의 마지막 삶을 담은 한 영화에서 말이다.[•] 영화는 평생 땅을 지키며 살아온 팔순의 농부와 그의 곁에서 30년간 일해 온 소의 일상을 충실히 담고 있었다. 화면엔 산촌 마을의 한적한 정경과 경험해보지 않았지만 익숙한 농촌 생활이 담담하게 이어졌다. 눈으로는 화면을 따라가고 있었지만 좀처럼 이야기 속으로 들어갈 수 없었다. 내게 '농촌'은 문화적인 기억으로만 환기되는 상상적인 공간이었다. 기억 속의 시골은 그런 시각적인 기호로 다가갈 수 없을 것 같았다. 소설가 박민규가 단편 첫머리에 적은 문장이 새삼 다가왔다. "농촌農村이란 단어가 있다. 누구나 아는 단어지만, 누구도 모르는 단어라고 나는 생각한다."[••]

그러나 어떤 장면에서 영화는 전혀 다르게 다가왔다. 노인과

• 영화 「워낭소리」(이충렬 감독, 2009)는 총 관객 수 292만 명을 기록해 한국 독립영화 사상 최고 흥행 기록을 경신했다. 다큐멘터리 영화로서도 최고의 흥행을 거둔 것이다. 영화는 기록적인 흥행과 함께 여러 뒷이야기를 남기기도 했다.
•• 박민규 「코리언 스탠더즈」에서, 『카스테라』(문학동네, 2005)

그만큼이나 나이를 먹은 소가 한 화면에 잡힐 때 화면엔 이상한 정적이 흘렀다. 노인도 소도 별다른 행동을 하지 않았다. 둘은 같은 공간에 그렇게 머물러 있었다. 다만 언어로 포착할 수 없는 어떤 교감이 그곳엔 있었다. 그런 종류의 소통은 이젠 가능할 것 같지 않았다.

문득 소를 실제로 본 적이 있는지 궁금해졌다. 중학교 2학년 여름이었던 것 같다. 할아버지 집을 찾는 일은 손에 꼽을 정도였는데 여름방학을 맞아 언니들과 함께 시골에 내려가게 되었다. 소를 직접 본 것은 그때가 처음이었던 것 같다. 어렸을 때 할아버지 집을 찾았다고 하지만 소를 본 기억은 남아 있지 않다. 소는 주로 외양간에 머물고 있었다. 할아버지가 소를 데리고 일하시는 모습을 직접 보진 못했다. 할아버지는 끼니마다 식구를 챙기듯 소의 먹이를 챙기셨다. 일상적인 주의의 어떤 부분은 늘 소를 향해 있었다. 거기엔 인간을 대하는 방식과는 또 다른 어떤 극진함이 있었다. 소는 가족과 다르지만 어떤 존중의 영역에 자리하고 있었다.

소를 다시 만난 것은 대학교 1학년 농활에서였다. 농활 일행은 이전부터 인연을 맺어온 경북의 산골 마을을 찾았고, 이장님의 배려로 마을에서 비교적 큰 집을 숙소로 제공받았다. 농활에서 가장 큰 어려움이 볼일을 해결하는 문제라는 것은 익히 알고 있었다. 숙소에 짐을 푼 일행은 그 문제부터 점검(?)했다. 집주인 분께서 외양간과 변소가 함께 붙어 있다고 알려주셨다. 그 말을 듣고서도 그것이 어떤 상황인지 정확히 알지 못했던 것 같다. 먼저 변소를 다녀온 친구들은 고개를 가로저으며 '가보면 안다'며 말을 아꼈다. 작은 볼일은 낮에 일하러 나가서 적당히(?) 해결하라고 조언하는 선배도 있었다.

'푸세식' 변소에 익숙하지 않은 친구들의 호들갑이겠거니 싶었다. 하지만 나 역시 선배의 조언을 따라 집의 변소를 이용하지 않고 며칠을 버티다가 결국 가게 되었다. 외양간과 변소가 붙어 있다는 것은 소 옆에서 볼일을 보아야 한다는 말이었다. 부모님 말고는, 그것도 어린 시절 말고는 누구에게도 보여주지 않은 은밀한 행위를 낯선 소에게 보여주어야 한다니 당혹스러웠다. 아무리 동물이라고 해도 민망한 것은 어쩔 수 없었다. 다행히 외양간은 어둑했고, 소는 고개를 돌린 채 내 쪽으로 엉덩이를 내보이고 있었다. 얼마간의 망설임 끝에 볼일을 보았다. 그렇게 소의 엉덩이와 나의 엉덩이가 마주하는 순간이었다. 그런데 그 순간, 이상하게 부끄러움보다는 어떤 해방감(?)이 느껴졌다. 결국은 동물이라는 자각. 그것은 인간으로서 실존을 무너뜨리는 자기비하가 아니라 인간에 대한 또 다른 차원의 이해였다. 인간과 더불

강원도 동해, 1990

어 살아가는 생명들과의 교감은 그것의 중요한 일부였다.

돌이켜보면 기억 속의 시골은 어떤 풍경이나 광경이 아니라 여러 냄새들과 소리들이 어지러울 정도로 뒤엉킨 말 그대로 어떤 감각의 총체였다. 그 냄새 중에 하나는 할아버지가 베어 온 소꼴에서 나는 풀냄새였다. 그런 기억과 감각의 총체를 '시골' 또는 '농촌'이라는 단어로 가둘 때 결국은 닿을 수 없는 하나의 풍경으로 저만치 물러나고 말 것이었다.

그렇게 저 멀리 물러난 풍경을 바라본다. 소는 철조망 바깥에 내몰린 채 우두커니 서 있다. 늘 배경에 머물러 있던 존재들. 그런 존재들이 사라진다는 것은 목가적인 삶이나 공동체가 해체되어가는 것 이상의 일이었을 것이다. 우리 자신의 인간성을 증언하는 존재들이 우리 곁에서 사라져가는 일이기도 했다. 그제야 알 것 같았다. 자신의 일부를 잃어버린 사람의 슬픔과 어떤 비통함의 정체를 그리고 우리 자신의 어떤 상실을.

하지만 우린 그것에 더 이상 고통 받지 않는다. 소를 내몰았던 것의 실체는 철조망, 그것이었을까. 시야를 가리는 것은 철조망만이 아니다. 우린 이 풍경을 더 이상 느끼지 못한다. 그것은 굳은 살이 되어버린 일상이다. 만질 수 없는 풍경이다. 실은 풍경이 아니다. 우리 자신이 상실한 무언가에 대하여 정당한 슬픔과 비통함을 느끼지 않게 된 것, 우리에게 남겨진 가장 오랜 고통이다.

소는 여전히 철조망 바깥에 내몰린 채 우두커니 서 있다.

소실점의 자리

사진가들은 같은 주제를 반복적으로 찍는 경우가 많다. 촬영하려는 대상이 보여주는 다양한 면모를 포착하려는 의도도 있겠지만 대상이나 사태의 본질을 명확하게 이해하려는 시도가 아닐까 싶다. 1980,90년대 이갑철의 사진에는 유독 현실과 유리되어 고독한 피사체로 변해가는 남성들이 반복적으로 등장한다. 인물 설정과 배치가 달라질 뿐 주제는 그대로다. 그들은 거리에 우두커니 멈추어 서 있거나 가만히 허공을 응시한다. 사진가가 밝히고 싶었던 사태의 본질은 무엇일까?

초로의 노인이 거리에 서 있다. 무슨 이유인지 그는 앞쪽을 가만히 응시한 채 가로수처럼 멈춘 듯 서 있다. 툭 불거진 광대

서울, 1985

와 홀쭉한 볼살로 나이를 짐작해본다. 지나가던 사람들의 시선은 온통 그에게 쏠린 듯하다. 카메라를 향한 또 다른 노인과 남성의 시선을 발견한다. 어딘가 날 서 있고, 경계를 늦추지 않는 시선이다. 거리에 우두커니 멈춰선 노인에게는 사람의 마음을 동요시키는 무언가가 있다. 나는 그가 길을 잃은 것은 아닌지 염려한다.

　그날 할아버지를 서울역까지 배웅했던가. 할아버지를 마지막으로 뵌 것이 그때였을 것이다. 할아버지는 1년에 한두 번 서울에 올라오셨다. 그나마 불편하시다며 며칠 머물지 않고 이내 내려가셨고, 배웅을 해드린다고 해도 마다하셨다. 그런데 그날따라 웬일인지 역까지 배웅을 부탁하셨다. 오전에 수업이 없던 터라 할아버지를 모시고 서울역으로 향했다. 함께 타고 가는 버스에서도 잔뜩 긴장했던 것이 기억난다. 맡겨진 임무를 실수 없이 해내야 한다는 이유도 있었지만, 그보다는 할아버지와 단둘이 있는 것이 어색하고 부담스러웠다. 할아버지도 별 말씀이 없으셨다. 역에 도착해서도 별다른 이야기를 나누지 않았다. 기차에 오를 시간이 다가왔고, 무사히 임무를 마쳤다는 안도감과 함께 고개 숙여 인사를 드렸다.
　할아버지가 희미하게 미소를 지으셨던 것 같기도 하다. 하지만 나는 그 미소를 친절한 이웃이 되기 위한 의례적인 미소라고 여겼다. 어머니는 늘 말씀하셨다. 할아버지는 주변 사람들에게는 잘하지만 가족들에게는 유독 냉혹했다고. 어머니의 회상을 통한 중계가 내가 할아버지에 대해 아는 전부였다. 아버지의 회고담이나 미담 속에 할아버지가 등장하는 법은 없었다. 아버지는 할아버지에게 안부 인사도 자주 하지 않았다. 어머니가 건네준 전화기에 대고 몇 마디 덧붙이는 게 고작이었다.

할아버지는 돌아가실 때까지 담배와 커피를 놓지 않으셨고, 당신 이름에 담긴 뜻 그대로 장수를 누리셨다. 할아버지를 떠올리면 미국 서부극 영화의 배우가 생각난다. 세르조 레오네가 감독한 서부영화의 고전 「석양의 무법자」에 나오는 매부리코의 남자, 리 반 클립. 할아버지는 그를 닮았다. 영화의 원제는 'The Good, the Bad & the Ugly'로, 리 반 클립이 맡은 역할은 'the Bad'(나쁜 놈)였다. 어머니의 이야기 속에 등장하는 할아버지도 'the Bad'였다. 우리 가족의 모든 불행의 원인이자 그 책임을 져야 할 당사자. 오랫동안 할아버지를 악당의 우두머리로 생각했다. 가능한 한 영향 받지 않고, 가까이 하지 말아야 할 대상으로 여겼다. 그것은 가부장제에 대한 나의 태도이기도 했다.

나의 관심과 시야에서 할아버지의 존재는 그렇게 지워졌다고 생각했다. 할아버지는 예기치 않던 곳에 다시 출현했다. 할아버지가 돌아가시고 이듬해 우연히 찾게 된 사진 전시회였다. 이갑철의 사진과 인연이 시작된 계기였다. 영화평론가 세르주 다네는, 어떤 영화는 우리가 영화를 보는 것이 아니라 영화가 우리를 응시한다고 말한 적이 있다.● 때로 사진 또한 우리를 응시한다. 마치 사진 스스로 기억을 하여 우리를 알아보며 우리 곁에 더 이상 머물지 않는 사람들의 존재를 일깨우는 것처럼.

● 세르주 다네는 친구 장 루이 슈페르가 말한 "우리의 유년기를 응시한 영화"를 자신의 성장을 지켜보고 응시하는 영화라는 의미로 인용했다. 세르주 다네, 『영화가 보낸 그림엽서』(이모션북스, 2012)

처음에 그 사진은 눈에 띄지 않았다. 갤러리 한쪽 면에 걸린 사진을 보고 다른 쪽으로 걸음을 옮기던 참이었다. 옆을 돌아보니 구석에 미쳐 보이지 않았던 사진이 하나 걸려 있었다. 언뜻 보니 숲 속의 나무들을 촬영한 것 같았다. 다가가 사진을 자세히 들여다보았다. 어두운 숲속에 무성한 나뭇잎들이 먼저 눈에 들어왔다. 빽빽한 나무 사이를 배회하던 시선이 문득 숲 한가운데에서 멈췄다. 흰 두루마기 차림의 노인이 두 손을 모아 쥔 채 허공에 솟아 있었다. 잔가지와 나뭇잎에 가려져 그의 존재는 쉽게 눈에 들어오지 않았다. 그러나 그곳에서 줄곧 나를 지켜봐온 것만 같았다. 마치 어머니의 가족 서사를 통해 상상해온 가족의 원근법에서 소실점의 자리에 할아버지가 자리했던 것처럼.

사진은 성철 스님의 다비식을 먼 숲에서 바라보는 시골의 촌부를 찍은 것이었다. 「성철 스님이 가시던 날」, 제목이 예시하듯 어떤 죽음을 말하고 있었다. 흰 두루마기 차림의 노인은 잿빛 어두운 숲속에서 흐린 빛으로 명멸하고 있었다. 그는 가부장이 라는 현실적 존재가 아닌 자연의 시선으로서, 현실의 공간이 아 니라 기억의 상상적 공간에 자리하고 있었다.

유난히 갈색이었던 할아버지의 눈동자를 떠올려본다. 그 눈 동자에 내가 제대로 비친 적이 있는지 확신할 길은 없다. 집안에 서 가장 막내인 내게, 사내아이도 아닌 내게 정당한 시선이 머물 렀던 적이 과연 있었던가. 그러나 한편으로 내가 할아버지의 눈 을 제대로 바라본 적이 없다는 사실 또한 분명하다. 나는 그를 알지 못했다.

사진가는 고립된 남성들을 반복적으로 등장시키면서 시험대 에 오른 가부장제의 미묘한 순간을 포착한다. 그것은 남성 주체 의 위기이면서 또한 역사적인 순간이다. 가부장제의 기억을 보 여주는 또 다른 일련의 사진에서 사진가는 전통적인 가부장제 의 억압과 불안을 드러내는 한편, 전통의 해체에 대한 불안을 통해서 양가적인 감정을 드러낸다. 1990년대 문화적 정체성의 혼란 앞에서 남성 주체의 위기에 대한 응답을 전통적인 가치에 서 찾을 수밖에 없는 분열적인 양상을 보여준다.

경상남도 산청, 1990

이제 할아버지는 홀연히 나타난다. 마치 유령처럼. 휘휘. 곁을 지키던 소도 보이지 않는다. 그는 누군가를 보지도 않고, 누구에게 보이지도 않는 존재다. 땅에 발을 딛고 선 존재가 아니다. 언제라도 홀연히 모습을 감추어버릴 것만 같은, 그냥 지나쳐버린다면 애매하게 공중에 떠버리게 될 운명처럼 보인다.

한복에 모자까지 차려입은 모습은 그가 현실의 존재가 아니라 의식儀式의 존재라는 점을 더욱 부각시킨다. 그는 성장盛裝으로 마지막 존엄을 지킨다. 가까이 할 수 없는 존재가 된다는 것은 자신의 존엄을 지킬 수 있는 방법이기도 하다. 그는 자신의 길을 가고 있다. 언젠가 그는 소실점의 자리에서 주인 기표의 노릇을 했을 것이다. 이제 그는 그 자리에서 물러났고 그만의 세계로 사라지려 한다. 그는 우리가 가려는 방향과 정반대를 향해 걸어가고 있다. 우리는 그를 잊은 채 앞으로 달려 나갈 것이다. 그를 지나쳐 달려간 소실점에서 무엇을 마주하게 될까?

우리가 바라보는 화면은 자동차 게임의 인터페이스를 닮았다. 게임 화면은 원근법의 환상을 온존하는 장치이면서 모든 것은 가상이라는 사실을 공공연히 드러낸다. 원근법에서 소실점은 가상의 자리이면서 동시에 원래 텅 비어 있는 자리이기도 하다. 그곳은 누구의 실존도 돌보지 않는, 그 어떤 의미도 보증하지 않는 가상의 장소다. 우리의 미래가 그러한 것처럼.

고궁을 나서며

사진은 종종 시간에 관한 기이한 경험을 안겨준다. 외젠 아제의 사진에 감도는 고요한 정적을 떠올려본다. 사진 속 공간 어딘가에 지나간 과거의 여운이 여전히 머무는 듯하다. 시간은 과연 흘러가는 것일까. 어떤 순간에 멈춰 있거나 고요히 머물러 있는 것은 아닐지. 혹은 소리 없이 내리는 눈처럼 어딘가에 조용히 쌓여 있는 것은 아닐지. 시간은 그저 흘러가버리지 않고 현재를 살아가는 우리 자신 속에 퇴적되고 침전되어간다고 노에 게이 치는 말한다.● 때때로 그것을 되새기지 않 는다면 그 시간들은 마음속에서 돌처럼 딱딱하게 굳어버릴지 모른다.

● 노에 게이치, 『이야기의 철학』(한국출판마케팅연구 소, 2009)

서울, 1988

지금, 우린 한 장의 사진이 아니라 몇 겹으로 퇴적된 시간의 횡단면을 마주하고 있다. 시간의 퇴적층들이 노출된 광경은 조금은 낯설고, 어색하다. 이것은 나이테와는 또 다른 역사의 표상이다.

멀리 현대식 빌딩이 보이고 그 뒤로 중앙청, 구 조선총독부 건물이 보인다. 조선총독부라니! 그런 건물이 존재했었다. 서울의 중심 광화문 거리에, 그것도 경복궁을 막아선 채(조선총독부 건물은 1995년 김영삼 정부 들어 역사바로잡기 사업의 일환으로 청사와 관사가 철거되었다). 1990년대를 몇 해 앞둔 시점에 촬영된 사진 속 광경은 전혀 '모던'하지 않다. 나는 한국이 '충분히' 모던하지 않다고 불평하고 있다. 시인 김수영도 한때 그러했으리라.

두툼한 외투를 입은 사람들이 고궁 구경을 마치고 돌아가는 길인 듯하다. 눈길을 끄는 것은 그들의 걸음걸이다. 몇몇의 다리는 왠지 굽어보이고, 발걸음도 바르지 않다. 그들의 발걸음은 매일 매일의 의무와 체념, 무언가를 감수하는 사람들의 습성을 그대로 닮았다. 날씨와 계절을 따르듯 체제에 순응하는 사람들의 굽은 어깨가 그러하듯이. 그들의 발걸음을 도드라지게 만드는 것은 외투인 듯하다. 오랜만의 나들이에 맞춰 걸친 양복과 긴 외투 자락은 거추장스러운 사족 같아 보인다.

하나의 이미지는 또 다른 이미지로 연결된다. 미국의 사진가 폴 스트랜드의 대표작 「월스트리트, 뉴욕」은 시공간적인 배경은 다르지만 이갑철의 사진과 묘하게 겹친다. 사진은 1915년 당시 뉴욕 월스트리트에 막 완공된 J.P. 모건 빌딩 앞을 지나가는 노동자들의 모습을 촬영한 것이다. J.P. 모건 빌딩은 그 자체로 '현대성'의 위용을 뽐낸다. 어떠한 장식도 없는 회색의 석조 건물과 건물 전면에 배치된 검은색 직사각형의 창틀은 말레비치의 추상 회화를 연상시킨다.

피비린내 나는 20세기 자본주의의 연대기를 써내려간 금융 제국의 웅장하고 거대한 대리석 건물에 비해 출근을 서두르는 한 무리의 노동자들은 그 익명성만큼이나 작고 보잘 것 없어 보인다. 이 극적인 대비에서 읽어낼 수 있는 행간의 의미는 무엇일까. 사진이 발표될 당시 스트랜드는 자신의 생각을 명시적으로 밝히지 않았으나 이후 대공황 시기를 지나며 그것이 자본주의에 대한 논평임을 숨기지 않았다.

스트랜드의 사진에 드러난 극적인 대비는 이갑철의 사진에도 적용된다. 사진을 바라볼수록 사람들의 존재는 기이하게 도드라져 보인다. 서로 다른 역사가 압축된 공간에서 그들은 그저 한때 머물다 가는 엑스트라에 지나지 않는지 모른다. 거대한 시간의 퇴적물 앞에서 그들의 존재는 미약하고 덧없어 보인다. 그러나 그들 선조들의 노동과 동의 없이 이 공간이 존재할 수 없었다는 것 또한 분명하다. 그들이 사라지면 그곳은 거대한 세트장에 지나지 않을지 모른다.

사진은 그들의 존재를 기억한다. 사진은 그것을 응시하는 존재보다 더 많은 기억과 미래를 지니고 있는지도 모른다. 빛나는 햇살은 웅장한 대리석 건물뿐만 아니라 아침 출근을 서두르며 바삐 걸어가는 노동자들에게도 공평하게 흘러넘친다. 그리하여 그들 뒤로 그들 자신보다 더 크고 선명한 그림자를 늘어뜨린다. 그 빛은 근정전을 나서는 사람들의 발걸음에도 와 닿아 차가운 돌바닥에 흔적을 남긴다. 그들이 역사의 표층에 각인한 분명한 증거다. 그것은 데스마스크처럼 차가운 금융제국 건물의 파사드보다 분명하고, 기울어가는 오래된 왕조의 기둥보다 굳건하다.

어느 날 고궁을 나오며 김수영은 고백하듯 선언했다. 이 땅에 '거대한 뿌리'를 내리겠노라고, 제3인도교 물속에 박은 철근 기둥도 그 뿌리에 비교하면 솜털에 지나지 않는다고. '모던'에 대한 갈망은 꺼지지 않는 불처럼 살아나 오랫동안 그를 분열시키고, 뒤척이게 만들었다. 식민지 지식인의 오랜 분열을 끝내며 김수영은 우리 모두가 굽은 다리로 걷는 사람들이라고 선언한다. "요강, 망건, 장죽, 종묘상種苗商, 장전, 구리개, 약방, 신전, 피혁점, 곰보, 애꾸, 애 못 낳는 여자, 무식無識쟁이 같은 무수無數한 반동

反動이 좋다"•고 말한 이유다. 역사는 초월
적인 시점에서 조망되는 어떤 것이 아니라
그 내부로부터, 땅을 밟고 절뚝이며 걸어
가는 사람들에 의해 이야기되어야 한다.
삶도, 역사도 일직선으로 나아가는 것이
아니며 "역사 속의 모든 이름은 나"••이기 때문이다.

• 김수영, 「거대한 뿌리」,
『김수영 전집 1』(민음사,
2003)
•• 호추 니엔의 영화 「우
타마-역사 속의 모든 이
름은 나」에서 인용.

  굽은 다리로 걸어가는 사람들은 어떤 문턱에 이르렀다. 오랜
군사 독재에서 벗어나 새로운 역사의 국면으로 들어섰다. 이제
그들은 다시 자신들을 대표할 사람을 자신의 손으로 직접 뽑고
다른 나라를 자유롭게 방문하고, 여행할 수 있다. 그러나 또 다
른 시련이 그들을 기다리고 있다. 하지만 그들이 그런 자유를
누릴 수 있게 된 것이 실은 30년도 채 안 되었다는 사실을 기억
해야 한다. 변화가 더딘 것이 아니라 아직 겪어내야 할 일이 있
고 더 많은 시간이 필요할 뿐이다.

2

시대를 기억하는 세 가지 방식

어
떤
몸
짓

영화배우 송강호는 어느 인터뷰에서 한 시대와 사람들의 몸짓
사이의 연관성에 관해 흥미로운 이야기를 들려주었다. 그가 출
연한 영화 「살인의 추억」은 지방에서 일어난 연쇄살인 사건을
통해 '1980년대'라는 시대적 분위기와 정서를 잘 담아낸 작품으
로 평가받는다. 소위 '감'에 의지해 밀어붙이기식 수사를 펼치는
형사로 등장한 그는 시대의 분위기를 몸짓, 특히 걸음걸이를 통
해 표현하려 애썼다고 한다. 그가 묘사한 '80년대식 몸짓'에는
어떤 느슨함과 일종의 복지부동, 우유부단함이 혼재되어 있다.
열정은 넘치지만 어딘가 허술하면서 고집스런 '80년대식 멘탈'
은 공권력의 무능함과 결합되면서 시대의 알리바이를 완성한다.

뛰어난 한 배우가 복기하려고 했던 한 시대의 몸짓을 우리는 사진에서 다시 만난다. 먼저 시선을 끄는 것은 화면 왼쪽으로 보이는, 자전거에 걸터앉은 남자의 몸짓일 듯하다. 귀를 다 덮는 장발머리에 마초적인 남성 특유의 과시적인 몸짓은 시대의 아우라를 유감없이 뿜낸다. 영화「범죄와의 전쟁」포스터 한구석에 등장해도 손색없을 듯하다. 순간 포착을 통해 남자의 포즈는 더욱 강조되어 다소 부자연스럽고 만화 같은 인상을 준다. 짐짓 먼 곳을 응시하며 포즈를 취하는 자세는 1970,80년대 광고에 등장하는 남성 모델의 전형적인 모습이기도 하다. 화면 오른쪽 팔짱을 끼고 자전거 위로 올라선 남자 역시 라이딩 기술을 뽐내며 은연중에 자신감을 드러낸다.

눈여겨보아야 할 것은 자전거의 형태다. 1970년대까지 자전거는 짐을 옮기는 이동수단 중 하나였다. 1980년대 중반으로 접어들며 주말에 근교로 하이킹을 떠나는 레저 문화가 발달하면서 사이클 형태의 자전거가 대중화되기 시작했다. 1990년대 들어 자가용이 보편화되고 교외 드라이브가 일상이 되기까지 하이킹은 경제적으로 여유 있는 사람들이 즐기는 중요한 레저 문화였다. 두 남성은 그런 당시의 분위기를 자신들만의 포즈로 표현하고 있다.

그 시절 많은 남성들에게 자전거는 특별한 의미를 지녔다. 자전거 앞에서 그들은 소년으로 돌아간다. 자전거는 소년의 분신이었다. 처음으로 자기만의 자전거를 갖게 되어 신이 나 페달을 밟으며 기쁨을 만끽하던 어느 날 오후가 있었다. 그런 자전거를 너무나 어이없이 잃어버리고 터덜터덜 걸어 집으로 돌아오던 날은 얼마나 속상했던가. 멋진 자전거를 새로 산 친구 앞에서 내색하지 못했던 부러움은 또 어떤가. 여학생들과 짝을 맞춰 근교로 하이킹을 나설 때의 흥분, 친구 여동생을 뒤에 태우고 가며 등과 배에 전해지는 따스한 온기로 황홀했던 경험도 기억 어딘가에 있다. 자전거는 아버지와의 유일한 추억을 간직한 기억의 매체이기도 했다.

사진 속 남성들은 자전거를 통해 자기만의 취향을 드러낼 수 있게 된 대도시 남성의 경제적 여유와 자신감을 내비치고 있다. 당당함을 넘어선, 어떤 여유와 자신감은 개인의 특징만은 아니다. 남성들이 그런 몸짓을 지을 수 있었던 것은 가부장적인 문화가 한 번도 도전받지 않았던 시대 분위기에 기인한 것이기도 하다. 그들의 몸짓은 한 시대가 그 시대를 살아가는 사람들에게 각인한 징표였다.

휴일을 한강 고수부지 공원에서 보내는 사람들의 풍경은 언뜻 보기엔 평화롭게 느껴진다. 그러나 이들이 이루고 있는 구도는 어딘가 산만하고 번잡스럽다. 시선은 엇갈리고 각자 자신들의 욕구에 충실한 모습이다. 무언가를 놓치고 있는 것은 아닐까. 풍경에서 누락되거나 소외된 존재는 없을까. 사진 중앙에 커다란 숄더백을 어깨에 멘 중년 여성과 앉아 있는 여자 아이가 눈에 들어온다. 왜 지금껏 그들에게 시선을 두지 않았을까. 왜 여자 아이는 프레임 안으로 온전히 들어오지 못할까.

사람들이 오가는 어수선한 공원 한가운데서 여자는 왼손으로 턱을 감싼 채 어딘가를 바라보고 있다. 고개를 돌리면 왠지 어둡고, 근심 가득한 얼굴이 거기 있을 것만 같다. 여자의 시선이 어디를 향하는지 우리는 알지 못한다. 다만 그녀의 몸짓만을 볼 수 있을 뿐이다. 왼손으로 턱을 감싼 여자의 포즈는 그녀를 풍경 안에서 유일하게 사려 깊은 존재로 보이게 만든다. 그 몸짓은 화면에 다소 울적하고 사색적인 분위기를 던지며, 남자들의 무감각한 몸짓과 대조를 이룬다.

뒤로 보이는 남성들과 여자 사이에는 보이지 않는 어떤 간극이 있다. 그 간극은 그들 사이에 소통되지 않는 무언가가 있다는 것을 암시하는 것처럼 보인다. 고개를 외면하고 선 여자는 주변 풍경과 겉돌 뿐만 아니라 화면 중앙에 서서 풍경의 소실점으로 집중되는 시선을 방해한다. 이러한 우회적인 거부를 통해 여자는 자신을 소외시키는 풍경으로부터 스스로를 방어한다.

여자의 몸짓은 무언가를 연상하게 만든다. 하지만 그 이야기는 잠시 미루어 두기로 하자. 몸짓으로 그리는 한 시대의 풍경을 조금 더 바라보고 싶다.

———————

가끔 이런 터무니없는 상상을 해보곤 한다. 노벨상에 정치 부문이라는 게 있다면 단연코 대한민국을 지배해온 세력들에게 주어져야 한다고 말이다. 이토록 효율적으로 사람들을 통제해온 고도의 정치적인 기술에 대해 마땅한 치하가 있어야 하지 않을까.

그들은 애써 유능하고 효율적으로 보이려 하지 않는다. 오히려 그렇지 않다는 것을 끊임없이 들키고 싶어 한다는 인상마저 준다. 그들이 노리는 것은 바로 그것이 아닐까. 실은 바로 그 이유 때문에 이 체제가 유지되어 왔던 것은 아닐까. 만약 이 체제가 예리한 칼날처럼 항상 날이 서있다면 혹은 물샐 틈 없이 빈틈없다면 사람들은 그 긴장을 견뎌내지 못할 것이다. 적당히 이완된 상태로 방심하게 만드는 전략이야말로 체제를 유지하는 힘이 아닐까.

이를테면 경상도 지역을 중심으로 오랫동안 한국 사회를 지배해온 정당의 국회의원들이 보여준 어처구니없는 행태는 실소와 경멸을 자아낸다. 그들이 대단히 유능하고, 지적일 것이라는 생각은 도무지 할 수 없다. 적당히 욕하면서 무시할 수 있다고 생각하기 마련이다. 하지만 그들이 공고하게 유지하는 권력과 네트워크를 건드리면 그때 우리는 권력의 진짜 얼굴을 보게 된다. 이 체제는 우리의 방심과 무관심에 의해 유지되는지 모른다.

지배의 기술은 피지배자의 신체에 어떤 기억을 각인하게 될까? 그 기억은 어떤 몸짓으로 남게 될까? 이 질문을 던지기 위해 긴 우회의 방식을 택했다. 젊은 군인 두 명이 한적한 시골길을 자전거를 타고 간다. 다시 자전거가 등장한다! 성인 남자 두 명이 자전거 하나에 의지하기가 힘에 부치는지 페달을 밟고 가는 모습이 조금 힘겹게 느껴진다. 좀처럼 속도를 내지 못하는 것 같다.
제복을 입은 사람에 대한 특별한 선입견이나 선호를 갖고 있지는 않다. 그러나 '국방색 얼룩무늬'에 대해서는 예외라고 말할 수밖에 없다. 어쩔 수 없이 '까라면 까야' 하는 굴욕과 자조 어린 순응이 배어 있는 것처럼 느껴진다. 역 대합실이나 터미널에서 마주치는 군인들 중에 당당한 태도와 자세를 보여주는 이는 거의 없었던 것 같다. 그들은 의기소침하거나 무료해보였다. 눈

경상북도 영덕, 1987

을 가릴 정도로 깊게 군모를 눌러쓰듯 집단적인 정체성 안에 얼굴을 숨긴 채 자신을 억누르는 것처럼 보였다.

군대에서 보낸 시간은 남자들의 우정에 있어서 특권적인 무대장치로 기능하는 것 같다. 담배를 나누며 그들이 함께 나눈 것은 무엇이었을까. 옛 청춘을 공유하는 친구들 사이에 가능한 농담은 아니었을 법하다. 같은 모욕을 견딘 이들끼리 가능한 공모. 나는 그것이 두렵다. 그런 공모가 이 시대를 여전히 '명령의 과잉을 요구하는 밤'● 으로 만들고 있기 때문이다.

● 김수영, 「서시」에서, 『김수영 전집 1』(민음사, 2003)

오가는 차도 없는 한적한 1차선 도로를 속도도 낼 수 없는 자전거를 타고 가는 좁은 어깨의 군인들. 그들에 의해 지켜지는 체제는 매우 느슨하고, 나른하다는 인상마저 준다. 이 게으른 풍경은 우리의 만연한 무기력과 어딘가 닮아 있다. 집단의 이름에 몸을 숨긴 채 살아온 사람들이 습관적으로 몸에 새긴 순응의 질서가 이 풍경을 만들어낸 프레임이다.

———

집단적인 상상력을 채워주는 몸짓이 있는가 하면 또 다른 몸짓도 있다. 밀란 쿤데라의 소설 『불멸』은 하나의 몸짓에서 시작된다. 수영장에서 만난 한 초로의 여인이 보여준 몸짓. 여인은 장난으로 풍선을 연인에게 날려 보내려는 듯 미소 띤 얼굴로 한껏 팔을 펼친다. 여인의 손짓은 늙어가는 육신 속에 가라앉아 있던 매혹의 정수를 활짝 펼치면서 소설가를 사로잡았다. 그 미소와 손짓은 스무 살 아가씨의 것이었고, 그 순간 여인은 시간을 초월한 듯했다. 몸짓처럼 자신의 어떤 일부를 통해 우린 시간을 초월하여 살기도 한다. 그때 몸짓은 개체보다 더 개체적인 것이다. 시간을 초월해 그 자신을 살게 하는 것이라면 말이다.

어떤 사람의 몸짓, 그 몸짓을 알아보는 일은 얼굴을 기억하거나 알아보는 것과는 또 다른 관계의 차원을 드러낸다. 몸짓은 그것을 회상하는 동시에 떠오르는 기억과 함께 육체적인 친근함으로 다가온다. 처음 사진에서 중년 여성의 몸짓은 왜 나의 시선을 붙잡는 것일까. 그런 몸짓을 어디선가 본 적이 있다.

엄마는 생각에 잠길 때면 턱을 왼손으로 감싸 괴곤 했다. 마음을 옥죄는 걱정거리와 순간의 상념이 뒤섞이는 듯했다. 그 순간 엄마는 신중하고 섬세한 감각의 소유자라는 생각마저 들었다. 물론 대부분의 순간 그렇지 않다고 생각했지만. 가끔은 손가락 끝으로 입술을 매만지거나 더 이상 생각하기 싫다는 듯 두 손으로 머리를 감싸 안기도 했다. 양손으로 턱을 감쌀 때는 그 정도의 복잡한 생각은 아니라는 뜻이었다. 때로는 사라지지 않는 근심거리를 쳐다보듯 멍하니 허공을 응시하곤 했다. 그러나 대부분은 막연한 잔걱정에 가까운 것이었다. 그것은 엄마가 늘 말하는 손금의 잔주름처럼 자신을 괴롭히는 상념에 붙이는 정당화된 이유였다.

바르트의 『밝은 방』에서 나의 시선을 잡아끈 사진도 아마 그 사진이었을 것이다. 나다르의 어머니로 추정되는 여성의 사진. 모딜리아니의 그림에 나올 법한, 선이 가늘고 긴 여성이었다. 여인에게 눈길이 머무는 것도 기다란 손의 포즈 때문이었다. 여성은 입술 근처에 오른손을 가져간 채 정면을 응시하고 있었다.

몸짓은 서로 다른 개인을 연결하기도 한다. 문득 또 다른 사진에서 비슷한 경험을 한 적이 있다는 것을 기억해낸다. 언젠가 사진가 강운규가 촬영한 할머니들의 사진을 보며 어떤 연민의 감정을 느낀 적이 있다. 할머니들 몇 명이 풀밭에 누워 있었다. 그중 한 할머니에게 눈길이 머물렀다. 할머니는 이마에 손을 올린 채 아무렇지도 않게 풀밭에 누워 있었다. 그렇게 이마에 손을 올린 몸짓이 낯설지 않았다.

엄마는 아버지가 이마에 손을 올리고 주무시는 것을 달가워하지 않으셨다. 이마에 손을 올리고 자면 걱정이 많아진다고 했다. 걱정이 많으면 복이 달아난다고 했다. 아버지에 대한 책망이

나 염려는 그보다 훨씬 더 많았지만 유독 그 말은 불편하게 느껴지지 않았다. 그리고 언젠가 나 역시 그렇게 이마에 손을 올리고 자는 버릇이 있음을 깨달았다. 어떤 몸짓은 누군가에게 이어지는 것일까. 그 몸짓을 통해 그 사람의 일부가 살아남게 되는 것은 아닐까. 몸짓은 가차 없는 시간으로부터 우리를 가녀리게 이어주는 어떤 감정, 어떤 정신의 선인지도 모른다.

푼크툼의 실례를 보여준다는 것은 어떤 방식으로든 자기 자신을 드러내는 일이라고 바르트는 스스로에게 고백하듯 말했다. 문득 내가 늘 엄마를 '바라보았다'는 사실을 깨닫는다. 떼를 쓰면서 보채거나 뭔가 사달라고 조르지도 않고 그저 바라보기만 했다는 것을. 내가 엄마의 근심거리가 아니길 바라면서. 턱을 괴는 엄마의 모습을 걱정하면서, 한편은 그 모습에 매혹되면서.

의상을 입어라•

뭔가 꿈틀거리고, 뭔가에 홀린 듯 요동친다. 수평의 균형은 흔들린다. 어딘가로 쏠려 들어갈 듯 불안정하다. 두 남녀는 엇갈려 스쳐 지나간다. 종아리를 휘감는 양복 바지 자락과 치마처럼 펼쳐진 외투 자락이 교차한다. 뭉툭한 구두코와 뾰족한 구두굽이 교차한다. 주름진 낡은 구두와 새하얀 에나멜 구두가 교차한다.

　그들은 초기 영화의 군중 신scene에 등장하는 이름 없는 사람들처럼 보인다. 우글거리는 사람들과 흥분된 상태의 과장된 몸짓들, 역동적인 운동 이미지들의 몽타주 속 한 장면 같다. 남녀의 다리 사이로 클로즈업 된 여자의 얼굴이 보인다. 성인 영화의

● 레온 카발로의 오페라 〈팔리아치〉 1막에서 주인공 카니오가 부르는 아리아 제목.

70

한 장면을 연상시키는 여자의 얼굴은 얼굴 없는 남녀가 내보일 수 없었던 금지된 충동을 발산한다.

여성주의 이론가 리타 펠스키는 도시의 욕망은 늘 여성의 이미지로 재현되곤 했다고 지적한다. 무언가에 놀란 듯, 혹은 우는 듯 입을 벌린 여배우의 얼굴을 화면 가득 잡는 클로즈업은 1980년대에 성행한 '에로물'의 관습적인 화면 구성이었고, 변두리 동시상영관 극장 간판 어디서에서나 만날 수 있었다.

얼굴 없는 남녀가 향하는 곳은 어디일까. 그곳이 어디든, 분명한 것은 욕망이 그들을 움직이고 있다는 것이다. 빠른 발걸음은 도시로 흘러들어온 사람들의 운동 형식이었고, 거대한 소용돌이 같은 시대의 흐름에 뒤처지지 않기 위한 생존 방식이었다. 다른 사람들을 밀어젖히지 않으면 뒤처질지도 모른다. 어깨를 부딪치며 경쟁하듯 빠르게 앞으로 걸어가야 했다. 노도와 같은 그 흐름에서 누구도 자유롭지 못했다. 자기 뜻대로 멈춰서거나 방향을 선택할 자유를 잊은 채 그들은 같은 방향의 동일한 흐름 속에서 떠밀리듯 살아갔다.

사진가들은 길거리 한 귀퉁이에서 그 도시를 발견하고, 주방 한쪽 구석에서 한 나라의 삶의 방식을 발견한다고 했다.• 시대를 감각할 수 있는 것

• 존 버거, 『사진의 이해』 (열화당, 2015)

서울, 1987

부산. 1987

은 극히 세부적인 것인지 모른다. 그중에서도 의상은 단순히 하나의 장식물이 아니라 한 시대의 특징적인 내러티브를 보여주기도 한다.

해변에 나타난 젊은 청년들의 옷차림은 뭔가 번쩍하는 가벼운 눈부심을 선사한다. 그 눈부심은 찬탄과 놀라움에서 온 것이라기보다 한여름 햇볕의 무례함에 가까운, 난데없고 노골적인 것이다. 브랜드의 영문 로고가 커다랗게 그려진 민소매 티셔츠와 값싼 소재로 된 양복바지의 어울리지 않는 조합은 그들이 발산하는 충동만큼이나 어처구니없다.

의상은 단순한 장신구가 아니라 정체성을 드러내는 특권적인 대상이기도 했다. 그 시대에 맞는 복장을 하고 다녀야 한다는 것은 도시 청소년들의 철칙이었다. 지금 보면 촌티 줄줄 흐르는 우스꽝스러운 옷차림에 불과하겠지만 당시 청년들에게는 자신들이 속한 문화에서 힙hip해 보이기 위해 빠질 수 없는 코드였다. 1980년대 영국 런던의 클럽을 재현했다는 일본 디자이너의 스트리트 패션 브랜드를 카피한 티셔츠는 '카피의 카피'라는 매우 '한국적인' 문화 수용 방식의 단면이기도 하다.

1980년대, 사람들은 기아와 생존을 위한 몸부림에서 벗어나 처음 맛보는 안락함의 기로에 들어섰다. 그들은 더 이상 텅 빈 눈동자를 가진 굶주린 이들이 아니었다. 생존의 기회를 찾아 악전고투했고, 어떻게 해서든 악착같이 살아남은 사람들이었다. 잉여의 생산물들이 텔레비전을 통해 매일 그들의 일상에 비쳤다. 그들은 속도와 스펙터클의 휘황찬란함에 눈멀 준비가 되어 있었다. 계몽의 학습도 충실히 마쳤다. "더 높이, 더 빨리, 더 멀리." 그들이 세상에 자신의 모습을 드러낸 사건이 올림픽인 것은 우연이 아니었다.

시대와 국가라는 거대한 힘에 눌려 침묵했으나 이제 그들은 그것으로부터도 벗어날 기회를 갖게 되었다. 내일의 안전을 기약할 수 없는 정도의 위험은 사라졌지만 감시자의 나라, 공포에 질린 기억, 정치 기류에 민감한 엘리트들과 관료들은 여전했다. 결국 정의는 말로만 구현되었고 결코 완전하지 않았다. '민주화'는 그들에게는 정치의 형식이라기보다 욕망의 형식이었다. 남들처럼 누리고 남들처럼 살아야 했다. 그것이 그들이 말하는 '평범함'이고, '보통 사람'의 삶이었다. 그러나 그들의 마음속에서 자신들보다 약한 존재는 무엇이든 집어삼키는 기아의 흔적이 완전히 사라지지는 않았다. 그것은 언제라도 그들이 위협을 느낄 때 자신도 의식하지 못하는 사이에 튀어나오는 한 마리 개처럼 내부에 웅크리고 있을 뿐이다.

시대의 공기

젊은 시인의 시를 읽었다. 시를 읽고 났을 때 흰 벽으로 둘러싸인 방 안에 혼자 있는 것 같았다. 방 안에는 벽 말고는 아무것도 없었다. 어떤 소리도 들리지 않았다. 음소거된 화면을 바라보는 듯했다. 무엇보다 공기, 공기가 이상했다. 뭔가 빠져나간 듯, 있어야 할 무언가가 사라진 것 같았다.

언제부터인가 공기가 달라졌다. 밀도가 희박해진 것 같았다. 땅에 발을 디뎌도 부유하는 느낌이 들었다. 그동안 나를 붙잡아주던 힘들이 느슨해진 느낌이 들었다. 이상하게 세상이 갑자기 밝아진 것 같기도 했다. 너무 환해서 대상의 윤곽이 흐려져 제대로 볼 수가 없었다. 어떤 일들이 계속 일어나고 있었지만 그것을 느끼는 일도, 마주보는 일도 쉽지 않았다. 그런 상태가 얼마간 지속되자 모든 것들로부터 조금씩 거리감이 느껴졌다. 눈에 보이지 않지만 밝고 가볍고 투명한 벽들이 사방에 둘러쳐진 것만 같았다. 그 벽은 견고해 보였다. 이 세계를 바라볼 수는 있지만 섞일 수는 없다는 생각이 들었다.

누군가는 말했다. 공기가 달라진 것은 신자유주의와 글로벌 자본주의 때문이라고. 하지만 그 말은 나에게 다가오기 전에 튕겨져 나갔다. 그것은 너무나 큰 것들이라 말해질 수 없는 것처럼 여겨졌다. 그렇게 큰 것들은 말해지지 않은 채 공기 속으로 몸을 숨기고, 벽을 만들어내는 것 같았다.

시인이 말하고 싶었던 것도 이런 기분이 아닐까 싶었다. 그 역시 어떤 공기에 대해 말하고 싶었던 것은 아닐까. 시인은 서울 올림픽이 열린 해에 태어났다고 했다. 그는 내가 아는 시대와 너무나 다른 공기 속에서 성장해왔을 것이다. 그러나 기분에 대해서라면 동시대인이라고 말할 수도 있지 않을까 싶었다.

———

가끔 과거의 어떤 일들을 되새길 때면 그 일이나 사건보다 상황을 둘러싼 감각들이 먼저 떠오른다. 비슷하게 종종 한 시대를 대표하는 사건을 다룬 사진을 보면서 그 사건의 무엇이 그 시대를 말하는 것인지 궁금해질 때가 있다. 사실만을 포착하려 할 때 그 시대를 살아간 사람들의 생각과 삶은 피상적으로 다뤄질 수 있다. 사람들 사이에 감돌았던 어떤 정서와 감정의 소용돌이가 켜켜이 쌓여 만들어낸 사건의 층위는 사라지고 만다. 사진이 담고 있는 세계 또한 축소될 염려가 있다.

　공기나 햇빛, 날씨 같은 손에 잡히지 않는 것들로 한 시대를 기억하는 것이 가능할까. 시대를 말하기 위해서는 사회적인 지식이나 이론, 정치적 분석으로 무장해야만 하는 것일까. 앞서 말한 것들은 나에겐 '중요한 현실들'이지만 담론의 영역에서는 어떤 흔적도 남기지 못한 채 나날의 먼지로 분산되고 말 것이다. 하지만 종잡을 수 없다 하여 그런 미묘한 것들을 모두 걸러내버리고 실제적인 것들만을 남기고 나면 삶의 일부로서 시간은 사라지고, 추상적인 관념만 남게 될 것이다. 어떤 시대, 어떤 시절에 대한 느낌은 사라지고 말 것이다.

　사람들의 매일 매일의 시간 속에서 축적되어 가는 것은 말로 표현할 수 없는 그런 미묘한 것들이다. 잃어버린 시간을 환기하도록 이끄는 어떤 단서나 기억을 구성하는 많은 것들이 그런 감각의 잔해들인지 모른다. 그런 것들이야말로 자신에게 일어났던 역사를 환기하게 만드는 것이 아닐까.

거리의 공기는 이상할 정도로 빽빽했다. 과호흡을 일으킬 정도로. 대기는 불순한 기운으로 가득 차 있다. 사람들이 발산하는 에너지는 평상시와는 다른 종류의 것이다. 날 선 모서리처럼 가파르고, 터질 듯한 긴장으로 잔뜩 부풀어 있다. 분노는 공기 속에 이미 단단한 물질로 구조화되어 있다.* 삼엄한 대치는 눈에 보이는 것만이 아니다. 적대가 점차 고조되어 벽처럼 바리케이드를 형성하고 있다. 거대한 공기의 벽들이 서로 부딪히려 하고 있다. 그것은 실제 벽처럼 둔탁하고 딱딱해서, 누군가 부딪히면 상처를 입을 것만 같다. 먼저 팽팽한 긴장을 깨는 것은 누구에게도 쉽지 않다. 잘못 건드리면 어떤 일이 벌어질지 모른다. 그러나 침묵이 길게 이어질수록 그만큼 거대한 압력이 만들어져 결국은 폭발하고 말 것이다.

* 사회학자 김홍중은 분노가 1980년대와 1990년대의 사회적 삶 속에 이미 물질적으로 구조화되어 있었다고 분석했다. 김홍중, 『마음의 사회학』(문학동네, 2009)

시위에 참여한 대학생이 전투경찰이 쏜 최루탄에 맞아 쓰러졌고, 병원에 옮겨져 한 달 동안 사경을 헤매고 있었다. 그의 나이 스물두 살이었다. 그보다 앞서 또 다른 대학생이 경찰에 끌려가 물고문을 받아 사망한 일이 발생했다. 사람들은 더 이상 참지 않기로 결정한 것 같았다. 정치로부터 배제됐던 이들은 다시 자신들의 몫을 요구했다. 그들은 역사의 증인이 되기를 자처했다.

서울, 1987

사람들은 언제 거리로 뛰어드는 것일까. 개인적인 안위와 일 상의 소심함을 누그러뜨리고 위험한 순간의 공기를 함께 마시고 싶은 마음이 드는 것은 언제일까. 이제껏 경험해보지 않았던 생 생하고 실감나는 현실에 참여하고 싶다는 흥분된 마음이 들 때 일까? 두려움을 무릅쓰고, 한 번도 만난 적이 없는 사람들과 어 깨를 걸고 길바닥에 앉고, 노래를 부르고, 구호를 외치고, 다른 누군가를 위해 싸우려는 그런 의지는 어디에서 나오는 것일까.

분명한 것은 그 순간 사람들은 참고 있던 숨을 토해내고, 침 묵하고 있던 공기가 흔들리고, 벽처럼 딱딱하게 버티고 있던 것 들이 깨지고, 닫혀 있던 감정의 문들이 열리고, 각자의 마음의 소리를 들으며 소용돌이처럼 휘몰아치는 집단의 정념에 몸을 맡긴다는 것이다. 그때 멎어 있던 역사의 시간은 다시 흐르기 시작한다.

그날 한강 백사장에는 30만의 군중이 모였다. 1956년 5월 제 3대 정·부통령 선거가 있던 해, 야당인 민주당의 신익희申翼熙 후 보와 진보당 조봉암曺奉岩 후보는 신선한 바람을 일으켰다. 두 후 보 모두 서울에서 인기가 있었으나, 특히 신익희 후보가 돌풍을 일으켰다. 5월 3일 한강 백사장에서 신익희 후보의 유세가 열렸 다. 당시 서울의 인구수가 150만 명 남짓이었고, 총 유권자 수는

70만에 달했는데, 그날 한강 유세장에 30만 명이 모인 것이다. 『조선일보』는 1956년 5월 4일자 조간에서 「한강 모래사장 일대 때 아닌 사람 홍수」라는 제목의 기사를 내보냈다. 그러나 신익희 후보는 5월 5일 유세차 호남으로 내려가는 기차 안에서 심장마비로 급작스럽게 세상을 떠났다. 이승만에 맞서는 야당의 강력한 대통령 후보였던 그의 죽음은 사람들에게 깊은 허탈감을 안겨주었다. 운구 행렬이 5일 오후 서울에 도착했을 때 운집한 군중들은 "못살겠다. 갈아보자! 독재정권 타도하자!"고 외치고 나섰다. 그로부터 4년 후 이승만 정권은 4.19혁명으로 자리에서 물러났다.

미군정이 내놓은 보고서에는 당시의 조선인을 묘사한 흥미로운 대목이 있다. "그들은 정치를 너무나 좋아한다. 그들은 끊임없이 정당을 만든다. 셋이 모이면 네 개의 정당을 만든다." 해방 후 혼란스런 정치 상황과 일제강점기 동안 억눌렸던 욕구들이 터져 나오면서 상황은 하루가 다르게 급변했고, 공기는 서로 다른 생각과 부딪히는 말들로 포화 상태였다. 그것을 지켜본 미군정의 어느 관리가 상부에 보고한 내용이라고 한다.

미군정은 '조선인'들이 정치적 주체로 나서는 것을 달가워하지 않았고, 가능한 한 그들의 정치를 제한하려 했다. 하지만 조선인들은 정치의 대상으로 남길 원하지 않았고, 얼마만큼의 정치를 하느냐를 결정하는 권리 또한 자신들이 갖길 원했다. 미군정은 그들이 '한정된' 정치 안에서 움직이도록 하기 위해 나름의 방법을 고안해냈다. 그들의 정치 활동을 정치적 논쟁으로 가두고 자신들의 입맛에 맞는 정치꾼들을 지원하는 것이었다.

오늘날 번성하고 있는, '프레임의 정치'가 시작된 것이 이때쯤인지도 모르겠다. 논쟁으로 서로를 반목하게 만들고, 비방과 선동으로 피로해져서 정치가 그들에게 의미 있는 경험으로 남지 않도록 하기 위함이었다. 궐기대회와 동원의 시대가 도래했다. 조선인들은 깃발과 구호에 휩쓸리며 스스로에게 질문을 던져볼 수 없었다. 권력은 무엇이며 자신들에게 그것이 과연 있는지, 어떤 정치제도를 선택해야 하는지, 어떤 삶이 좋은 삶인지, 어떤 국가를 원하는지.

그 이후의 삶은 우리가 아는 대로다. 남과 북으로 나뉘어 적대해서 싸웠고, 그 전쟁은 애초에 누구도 이길 수 없는 전쟁이었다. 자기 자신에게 총부리를 겨누는 전쟁이었으므로. 내전은 깊은 내상과 자폐 상태라는 결과를 낳았다.

그날 한강 백사장에 모여든 사람들은 잊고 있던 오랜 설렘을 다시 느꼈을지 모른다. 그들은 자신들의 운명이 어디를 향하고 있는지 알고 싶어했다. 그것이 누구의 손에 의해 결정되는지 알

고자 했다. 그러기 위해 거리에 나왔다. 무슨 수로 그곳까지 달려왔을까. 교통편도 수월하지 않고, 정보를 알 수 있는 방법도 지금처럼 많지 않았을 텐데 말이다. 하지만 집을 나섰고, 전차와 버스를 탔고, 길이 막히자 사람들이 모여 있는 곳을 향해 무작정 걷기 시작했다. 말 그대로 구름 떼 같은 사람들이 모여들었다. 유세장으로 걸어가는 인파 때문에 용산 삼각지 쪽으로 가는 전차와 버스는 운행을 할 수 없을 정도였다.

그날 한강 노들섬 주변 백사장에 모여든 인파와 5월의 부드러운 햇빛에 빛났을 한강의 하얀 모래, 손으로 햇빛을 가린 사람들의 표정을, 잔물결처럼 일렁이던 그날의 공기를 느껴보고 싶다. 그들은 원자화된 대중도, 무성의 군중도 아니었다. 스마트폰에 코를 묻고 떠도는 뉴스의 흐름에 흩어지고 모이는 네티즌도 아니었다.

그들은 달라진 공기 속에 고립되어 흩어져 있던 당신과 나였다. 스스로 또는 누군가에 의해 만들어진 벽. 우리의 생존이 생존하는 만큼 두터워지는 벽. 우리가 서로를 향해 둘러친 벽. 그 벽에 갇혀 있던 당신과 나였다. 각자의 구속에 길들여져 있던 당신과 내가 다시 광장에 모인 것이다. 그날 대기는 생동하는 공기로 가득 차 있었다. 도발하고, 즐거워하고, 빛나고, 춤추고, 떠돌고, 잡히지 않는 공기였다.

당신과 나는 오랫동안 꺼내보지 못했던 말을 꺼내보았다. 실체는 없고, 낡고 새된 목소리만이 울려 퍼지는 슬로건이 아니라 수줍지만 작은 각자의 깃발을 들었다. 그리고 광장에 오래도록 머물러 있었다. 그날 한강 백사장에 모였던 이들이 충분히 생각하지 못했던 질문들을 생각하면서.

3

옛날 여자와 옛날 남자

가족이라는 형식

"유대인은 혈연이 아니라 스토리 라인이다." 유대인 작가 아모스 오즈가 한 인터뷰에서 '유대인의 정체성'을 묻는 질문에 답한 말이다. 그는 자신이 한 말의 의미를 어디까지 믿고 있을까? 어떤 이야기 안에 있다는 것, 그것이 우리의 삶을 결정짓는다니. 뜨겁게 흘러내리는 피가 아니라 하나의 이야기가 우리의 삶을 만든다니. 피를 바꿀 수는 없지만 이야기는 새롭게 씌어질 수 있는 법. 소설가는 피보다 더 진한(?) 이야기의 힘을 언급함으로써 정체성의 완고함과 그것의 변화 가능성을 동시에 부여하고 싶어 한다.

가장 익숙한 이야기, 그것은 가족이다. 기억 가장 깊은 곳이

활성화되는 순간은 가족이라는 이야기 안에 있을 때다. 동어반복 같지만, '가족'이 된다는 것은 '가족'이라는 이야기 속으로 들어간다는 것이다. 이야기는 자신을 기억하는 사람들의 시선에 의해 만들어진다. 넌 어렸을 때 말이 늦게 트였지. 많이 울었어. 넌 그런 아이였어. 그때 넌 그랬지…… 수많은 인정과 평가의 말들.

이야기라는 것은 믿을 수도, 믿지 않을 수도 있는 법. 그러나 가족의 이야기를 갖지 못한 사람은 가족 안에 있으면서도 늘 자신의 존재를 의심한다. 좋든 싫든 이야기가 없는 것보다는 있는 것이 낫다. 가족 이야기는 일종의 구심점 같은 것이다. 우리는 그 안에서 각자의 자리를 찾고, 작은 행성이 그러하듯 자신만의 궤도를 그리며 살아간다. 이야기가 있고, 거기에 응하는 내러티브가 지속된다는 것이 중요하다. 극적인 이야기가 아니어도 상관없다. 중요한 것은 이야기를 지속할 힘이 있느냐는 것이다.

젊은 친구 K는 8년 전 서울에 올라와 집으로 가는 고속버스가 있는 터미널 가까운 곳에 자취방을 얻고, 그 동네를 떠나지 않았다. 사람들은 자신이 태어난 곳의 태양을 기억하고 있는 것이 아닐까. 그 기억이 몸 깊은 곳에 남아 있어 현재의 위치를 확인하는 것은 아닐지. 집으로 가는 버스가 있는 터미널로 삶의 반경을 정한 K처럼 말이다.

K에게는 한 주를 마치며 주말 드라마를 보는 일이 손꼽을 수 있는 삶의 즐거움이다. 저녁을 먹으며 드라마를 보는 그 시간이 일주일 중에 가장 기다려지는 시간이다. 그리고 그건 KBS 드라마여야 했다. 그가 사는 지역에서 가장 잘 나오는 채널은 KBS였고, 채널은 늘 고정되어 있었다. 할아버지도, 아버지도 KBS만 보았다. 이제 그도 다른 방송을 보면 어쩐지 어색했다. 「대한 늬우스」처럼 어딘가 고지식하고 틀에 박힌 화면이나 특유의 바랜 듯한 화면 톤이 그에겐 친숙했다. 생기 없는 현실을 가려줄 밝고 낙관적인 영상이었던 것이다.•

• 철학자 지젝은 검열이 난무하는 사회주의 국가의 국영방송 화면을 두고 "생기 없는 사회현실과 밝고 낙관적인 영상"이라고 신랄하게 묘사했다. 슬라보예 지젝, 『시차적 관점』(마티, 2009)

그는 주말 드라마가 그려내는 가족의 모습이 일종의 판타지임을 모르지 않는다. 가족만큼 상투적인 것에 감동하는 일은 없다는 것 또한. 가족의 의미가 퇴색할수록 '가족주의'는 번성하고, 소위 '정상 가족'의 실제 모습은 막장 드라마와 그리 다르지 않으며 그 모두가 이야기 속에만 존재하는 가족, '가족 없는 시대의 가족 드라마'라 할지라도, 그럼에도 그는 가족 드라마를 좋아한다. 가족이라는 이야기가 만들어지는 그 순간을 지켜보고 싶다.

사진이 가장 사랑하는 형식은 가족사진일 듯하다. 사람들은 사진이라는 형식을 빌려 가족이라는 관계를 입증하고 관계의 영속성을 바란다. 우린 지금 또 하나의 가족이 탄생하는 장면을 지켜보고 있다. 결혼식을 위해 마련된 방은 액자형 구조와 흡사하다. 그 자체로 한 장의 사진처럼 보인다. 앞쪽에 쪼르르 모여 있는 어린 조카들부터 앞 사람에 얼굴이 가려 보이지 않는, 신랑 신부로부터 떨어진 거리만큼 먼 친척까지 결혼의 증인으로서 역할을 다하고 있다. 그들은 초기 다게르의 사진기 앞에서 사람들이 그러했듯이 굳은 표정으로 카메라를 바라보고 서 있다. 신랑 신부는 성혼의 순간을 입증해줄 사진사의 말을 기다리며 모범생처럼 가만히 정면을 응시한 채 카메라에서 눈을 떼지 않는다.

자, 여기들 보세요! 하나, 둘, 셋!

카메라 셔터가 눌리는 순간 모두들 움직임을 멈춘다. 그들처럼 카메라를 응시하던 육친과 지인들을 떠나 신랑과 신부는 자신들만의 이야기를 만들게 될 것이다. 헤어짐과 새로운 생활이

경상남도 합천, 1985

다음 장면으로 예고되어 있다.

진짜 이야기는 이제부터다. 현실은 드라마가 아니듯 결혼은 동화 속 왕자님과 공주님의 사랑 이야기가 아니다. "그들은 그 후로도 오래 오래 행복하게 살았습니다." 그것은 우리의 오랜 염원과 같은 것이다.

결혼식을 치르고 한강 유람선에 오른 신랑·신부 들의 모습은 조금은 경직되고 무표정해 보인다. 그들이 결혼식을 함께 치렀는지, 뒤풀이를 함께하는지 상황은 분명치 않다. 상황이 어떠하든 그들의 얼굴엔 신산함과 일상의 무덤덤함이 교차한다. 드레스에 짙은 화장, 차려입은 양복이 아니라면 여느 날과 다를 바 없어 보인다. 낭만적인 결혼의 환상에서 비켜서 있는 그들의 모습은 한편으론 묘한 쾌감을 전해준다. 그들은 함께 있지만 서로에게서 등을 돌린 채 각자의 생각에 골몰해 있다. 멍하니 텅 빈 듯한 얼굴에는 미래에 대한 기대보다 매일 매일의 고단함이 앞선다.

마치 패키지여행에 나선 관광객처럼 보이기도 한다. 한국 사회에서 결혼은 패키지여행과 흡사한지도 모르겠다. 패키지여행을 두고 깊은 고민을 하는 사람은 많지 않다. 남들도 가니 나도 간다. 중간에 내키지 않더라도 일단 간다고 했으니 무를 수 없다. 용기를 내어 일단 떠나고 볼 일이다.

서울, 1987

누구나 아는 것처럼 패키지여행은 정해진 코스를 따르는 일이다. 자신의 욕구대로 코스를 정할 수 없다. 그러니 누구도 만족하지 않는 여정을 꾸역꾸역 끝까지 마쳐야 한다. 만약 누구라도 불만을 제기한다면 "그럼, 패키지 같은 건 애초에 오지 말았어야죠?"라며 핀잔을 듣게 될 것이다. "정해진 코스를 따르는 것이 가장 안전하다"라는 일침을 가할지도 모른다. 차라리 코스에 순응해 나름의 안락함을 맛보라고 넌지시 압박을 가하는 사람도 있을 법하다. 그래서 사람들은 애초에 자신의 욕구 같은 것은 생각하지 않고, 정해진 곳에 가서 보아야 할 것을 보고, 먹어야 할 것을 먹고, 정해진 곳에서 사진을 찍는다. 그것이 패키지여행이고, 한국식 결혼의 모습이기도 하다.

자신이 어떤 사람인지, 자신의 욕구는 무엇인지 분명히 알고 결혼하는 사람은 많지 않다. 패키지여행을 떠나듯 때가 되면 남들도 하는 여정에 동참하는 사람이 대부분이다. 그러나 자기 자신을 모른다는 것처럼 위험한 일이 있을까. 그런 채로 누군가와 여정을 계속한다는 것은 더더욱. 게다가 어디를 향하는지도 모르는 채 여정을 계속하는 것은 무모한 일인지 모른다.

리베카 솔닛은 그런 사람들의 내면을 하나의 풍경으로 묘사한다. 그것은 스스로에게 등을 돌리는 풍경이며 자신을 알지 못하는 그래서 자신마저 그 안에서 길을 잃어버리는 풍경이다.◆

사진 속 신랑 신부들의 얼굴이 텅 비어 보 이는 이유를 이제 조금 알 듯하다. 그들은

● 리베카 솔닛, 『멀고도 가 까운』(반비, 2016)

다른 누군가가 아니라 자기 자신에게 등을 돌린 채 살아가고 있 는지 모른다(대부분의 우리 자신들처럼). 그렇다면 이 사진은 한국 식 결혼(생활)의 세밀한 풍경화(이자 어쩌면 시작과 함께 이미 확정 된 결론이)라 할 만하다. 또한 '현실' 가족의 연대기가 시작되는 프리퀄prequel이기도 하다.

어른과 아이

우린 모두 한때 아이였다. 누군가의 등에 업혀 잠들던 날이 있었다. 젖을 물리고 등을 내어준 사람이 있었다. 어른이 있고, 아이가 있다. 삶이란 그런 것이다. 어찌 보면 매우 단순하고 분명한 것이다.

거창하게 세상이 변했다고 말하고 싶지는 않다. 그저 언젠가부터 길에서 뛰어노는 아이들이 사라졌고, 버스와 지하철에서 갓난아이와 함께 탄 엄마들이 보이지 않았다. 문득 어떤 세상을 살아가고 있는지 묻고 싶어졌다. 그저 시대가 변했다고 말하기에는 뭔가 서늘한 두려움이 앞섰다. 중요한 무언가를 상실한 것 같았다.

부산, 1988

어린 시절 타고 다니던 전차가 사라진 동네를 회고하며 바르트는 삶에서 진보라는 것이 가능한지 물었다. 사람들이 살아가는 방식은 역사를 갖지 않는다는 점을 말하고 싶다고 했다. 진화하는 것이 아니라 그저 다른 방식으로 변화할 뿐이라는 것이다. 삶의 양식으로부터 얻는 즐거움은 한 번 사라지면 영원히 되찾을 수 없는 것들이다. 다른 여러 가지 즐거운 것들이 나타날 테지만 원래의 것을 대체할 수는 없다.

바르트의 말을 따라가며 1980년대 복고 열풍을 몰고 온 드라마의 한 장면을 떠올렸다. 드라마 구성이나 스토리텔링 방식은 흥미롭지 않았지만 몇몇 장면에서는 마음이 흔들렸다. 그런 장면들은 대개 공간이 주는 정서적인 환기, 장소의 기억과 연결되어 있었다. 세 들어 사는 덕선이네 부엌은 늘 어두웠다. 어둑한 부엌에서 덕선이 엄마는 석유곤로에 냄비를 올리고 저녁을 준비한다. 카메라는 저녁을 준비하는 엄마의 뒷모습과 엄마의 파마머리 위로 피어오르는 김을 세심히 잡는다. 그것은 가장 아름다운 풍경은 아니었다. 그 시대에도 그보다 더 편리한 생활은 가능했다. 하지만 어두운 부엌에서 저녁을 짓는 엄마와 그 시간은 다른 무엇으로도 대체할 수 없는 것이었다.

어떤 삶의 양식이 사라진 것은 분명한 것 같다. 하지만 잃어버린 것에 대한 자각은 깊지 않다. 우리는 더 편리해졌고, 더 많은 것을 누리고 살아간다. 하지만 삶의 골격이 흔들리고 있음을 감지한다. 일본의 사상가 후지타 쇼조는 고도성장기 일본 사회의 정신적 붕괴와 혼란을 지켜보며 다음과 같이 경고한 바 있다.

> 살아가는 방식에 대한 정신적인 골격이 사라진 사회 상태는 더 이상 충분한 의미로 '사회'라고 부르기 어렵다. …… 그건 오히려 사회의 해체 상태라고 말하는 편이 나을 것이다.
> _후지타 쇼조, 『정신사적 고찰』(돌베개, 2013)에서

상실의 경험을 소홀히 하고 더 안락한 삶을 향해 달려가는 이들을 붙들어 세우는 충고라 할 수 있다.

그 세계가 있다. 우리가 통과해온, 우리를 자라게 한, 하나의 장소로서 골목. 한때 골목은 안전한 장소였다. 대도시의 좁고 후미진 골목이나 어둡고 환기도 되지 않는 반지하방으로 들어가는 통로가 아니었다. 골목길은 친근한 바깥의 세계였다. 낯선 세계로 나아가는 입구였다. 집과 세상을 연결하는 이행移行의 공간이었다. 바깥을 공유하는 완충지대이기도 하다.

바깥 세계는 너무 밝거나 너무 어둡지만 골목은 우리를 타

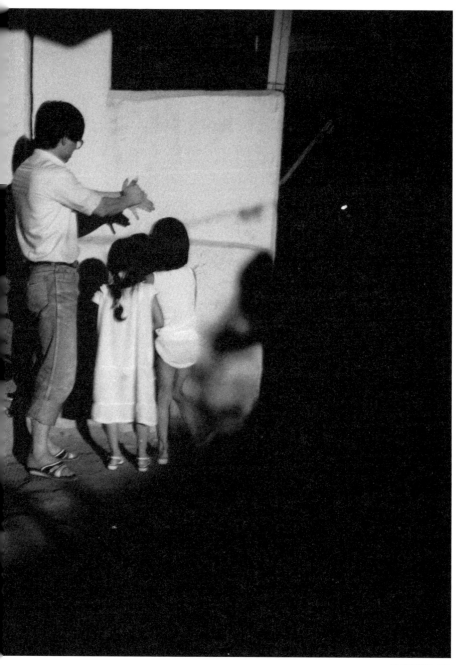

경기도 연천, 1988

인과 우리 자신의 경계로부터 벗어나게 해주는 친숙한 어둠이다. 벽에 드리워진 짙은 그림자로 등장한 사진가는 그들 세계의 침입자인 동시에 더 큰 어둠의 존재를 알리는 조력자처럼 보이기도 한다. 거대한 어둠이 위협적으로 둘러싼 골목에서 어른과 아이는 놀이를 한다. 한밤중의 그림자놀이다. 그것으로 어둠을 길들이고 싶었던 것일까. 손과 손가락을 움직여 벽에 비추면 별별 모양이 나타난다. 주둥이를 벌린 꾀 많은 여우가 나타나는가 싶더니 갑자기 귀를 쫑긋 세운 개 한 마리가 등장한다. 개는 다시 꽥꽥대는 오리로 바뀌고 마침내 독수리 날개로 변신한다.

놀이에 빠진 어른은 왜 아이 같아 보이는 걸까. 놀이에서 어른과 아이는 묘하게 공존한다. 한때의 아이와 내일의 어른이 만난다. 놀이는 원점에서 다시 시작하기 위해 계속하는 것이다. 술래에 붙잡힌 아이들을 구출하려는 것도, 얼음이 된 아이를 땡하고 풀어주는 것도, 깍두기를 끼워주는 것도 모두 놀이를 다시 시작하기 위한 것이다. 아이들은 늘, 한 번 더, 다시를 외친다. 놀이에 최후의 한 번은 있을 수 없다.

모든 이야기의 원형은 아이는 자라 어른이 된다는 것이다. 아이는 부모의 곁을 떠나 홀로 여행을 떠나 길을 잃고 헤매기도 하

경기도 성남. 1986

고 위기에 처해 죽을 고비를 넘기기도 한다. 그러나 굴하지 않고 다시 일어나 자신만의 세계를 찾고 비로소 어른이 된다. 그것은 우리가 알고 있는 모든 동화의 뼈대이기도 하다. 아이는 자라 어른이 될 것이다. 이 단단한 믿음. 삶의 순환에 대한 어떤 낙관 없이 이 이야기는 만들어지지 않는다. 그 확고한 믿음의 세계에 이야기는 자리한다. 그 믿음을 지켜주는 것이 공동체다. 이야기의 작가는 공동체다. 공동체가 바로 이야기의 원작자들인 셈이다.

지금 우리는 동화 같은 순간을 엿보고 있다. 마법이 펼쳐지는 순간이다. 두루미와 소나무를 짜 넣은 대나무 돗자리도 그만이다. 이 순간만은 마법의 양탄자가 되어 소녀들을 신비하고 멋진 환상의 세계로 데려갈 것이다. 신발을 벗고 돗자리에 올라선 순간 누구라도 단발머리 앳된 소녀로 변신한다. 소녀에겐 흰 레이스 양말이 어울리는 법. 가지런히 다리를 모으고 다가올 마법의 순간을 기다린다. 또깍또깍 뾰족구두를 신고 걸어 나가면, 누구보다 아름다운 여성이 될 테니 말이다.

그러나 골목은 사라졌고, 놀이하는 아이들은 보이지 않는다. 아이들은 각자의 방에 유폐되었다. 각자의 욕구에 충실하지만 공동체의 본능은 상실되었다. 그들은 학교와 학원, 회사를 오가며 보육 기구의 엘리베이터 속에서 생애를 보내게 될 것이다.•

아이는 어른이 될 수 있을까. 우리의 공동체
는 아이들을 위한 이야기를 잃어가고 있다.

● 후지타 쇼조, 『정신사적
고찰』(돌베개, 2013)

해변의 가족

라디오에서는 인디 밴드의 노래가 흘러나오고 있다. 타령도 트로트도 아닌 묘한 창법에 복고적인 기타 소리가 이상하게 귓가를 휘감는다. 이 낯설면서도 친숙한 느낌을 무엇이라고 말해야 할까. 노래도 노래지만 밴드의 이름은 더더욱 해독 불가다. '구남과여라이딩스텔라'. 무언가를 지칭하는 이름 그 자체가 또 다른 설명을 필요로 하는 난감함이라니. 이름이 아니라 분석하기 힘든 감정의 덩어리 같았다.

그 뜻은 '옛날 남자와 여자가 스텔라를 타고 간다'라고 했다. 멤버의 아버지가 타고 다니던 자동차가 '스텔라'였고, 부모님이 그 차를 타고 다니던 시절을 생각하며 이름을 붙였단다(스텔라는 1983년 현대자동차가 독자적으로 개발한 최초의 고유 모델 중형 세단으로 1988년 서울올림픽 공식 자동차로 사용되었고, 현재도 생산되고 있는 소나타의 전신이기도 하다).

엄마와 아빠를 '옛날 여자' '옛날 남자'라고 호명하는 순간, 가본 적 없는 낯선 시공간 속으로 미끄러져 들어간다. 우리가 태어나기 전에도 그들은 이 세상에 있었으며 자신들만의 삶을 살아온 존재라는, 평범한 사실을 처음으로 깨닫는다. 그들은 정말로, '옛날 여자'와 '옛날 남자'인 것이다.

사실 우리가 태어나기 전 부모님의 모습을 상상하기란 쉬운 일이 아니다. 그것은 어쩌면 '역사'의 영역에 속하는지도 모른다. '역사'는 너무 멀거나 너무 무겁게 느껴진다. 그러나 바르트는 역사를 거대한 담론으로 이해하는 사람들을 향해 이렇게 간명하게 응수했다. "역사는 무엇인가? 그것은 우리의 부모님이 살아왔던 시간이다."• 역사라는 것은 그렇게 먼 시간이 아닌 것이다.

• 롤랑 바르트, 『카메라 루시다』(열화당, 1994)

하나의 장면을 상상해본다. '스텔라'라는 이름이 어울리는 '옛날 여자'와 그녀를 사랑하는 '옛날 남자'. 그들이 바닷가에서 보낸 어느 여름날의 하루를. 여자는 웨이브가 자연스런 긴 파마머리에 파란 땡땡이 무늬의 흰 원피스를 입었다. 한 손에는 양산을 받쳐 든 채 눈을 가늘게 뜨고 바다를 바라보고 서 있다. 그녀의 곁에 선 남자는 감색 양복바지에 하얀 셔츠를 입고 여자와 같은 곳을 바라보고 서 있다. 그들은 정지 화면처럼 미동도 하지 않는다. 영원히 그곳에 그렇게 서 있을 것만 같다. 나는 그들의 뒷모습을 간직한 채 풍경 속에서 빠져나온다.

내 앞에는 그런 나의 상상과 조금씩 어긋나는, 기대했던 그림과는 조금 거리가 먼, 그래서 실은 현실적인 장면이 펼쳐져 있다. 여름날 바닷가에 사람들이 서 있다. 화면 중앙에 무릎까지 바지를 걷은 반팔 셔츠 차림의 중년 남성의 시선이 향하는 곳은 화면 오른쪽의 사내아이다. 아이는 미처 수영복을 준비하지 못한 듯 알몸으로 바다를 향해 서 있다. 얼굴을 볼 수 없으나 왠지 입을 벌리고 바닷바람을 들이마시고 있을 것만 같다. 아이는 바다의 기운을 가장 분명하게 보여주는 듯하다. 그 느낌을 온몸으로 표현하고 있으니 말이다. 여름 내내 바깥에서 보낸 듯 잘 구워진 피부와 귀여운 엉덩이는 햇빛의 기운을 받아 빵빵하다.

아이와 중년 남성 사이에는 파라솔처럼 커다란 양산을 쓴 여성이 남성을 향해 비스듬히 선 채 바다를 바라보고 있다. 양산에 가려 얼굴을 볼 수 없으나 왼손으로 붙든 원피스 자락 아래 드러난 종아리로 나이를 가늠해본다. 이들에게서 좀 외따로 떨어져 뒤쪽으로 한 여성이 서 있다. 흰 블라우스에 땡땡이 무늬

긴 치마를 입은 중년 여성은 미소를 머금은 채 바다를 바라보고 있다. 얼굴이 궁금해질 만큼 그녀의 미소는 온화하고 부드럽다.

해변을 마주하고 서 있는 그들이 어떤 관계인지 사진은 별다른 단서를 주지 않는다. 그들은 그저 조금 먼 곳으로 시선을 던지고 같은 방향에 눈길을 준 채 서 있을 뿐이다. 그런데 바로 그 모습에서 우리는 그들이 가족이라고 조심스럽게 유추해 본다.

오즈 야스지로의 영화를 연구해온 평론가 하스미 시게히코는 오즈의 영화에 등장하는 인물들이 가족임을 알려주는 것은 그들이 한곳을 마주하고 있을 때라고 전한다. 오즈가 보여주려는 가족의 서정은 서로 마주보는 것도 아니고 시선의 대상이 품고 있는 심리적인 상징성에 의한 것도 아닌, 그저 하나의 대상을 동시에 눈에 담는 몸짓 그 자체에 있다.● 같은 대상을 서로의 시계視界에서 확인하는 동작, 그것이야말로 두 존재를 연결시킨

● 하스미 시게히코, 『감독 오즈 야스지로』(한나래, 2001)

다. '나란히 있는 것' 그리고 '같은 방향을 바라본다는 것', 오즈의 영화에서 가족은 그것으로 확인된다. 그 같은 몸짓의 공유가 그들을 가족으로 만든다.

오즈의 시선을 빌리면 사진에 등장하는 인물들의 면면은 어머니를 모시고 사는 남자와 그의 아내 그리고 그들의 아이라고

부산, 1987

유추해볼 수 있다. 남편과 아들 사이에 끼어든(?) 시어머니, 시어머니가 서 있는 애매한 위치와 방향 그리고 이들로부터 조금 떨어져 서 있는 며느리. 그들이 서 있는 자리가 그들 자신도 눈치채지 못한 관계의 성격을 보여주는 것은 아닐지.

그날 바닷가에서 보낸 여름날의 하루를 그들은 어떻게 기억할까. 가족 앨범 한구석에 끼워놓은 채 언제인지도 모를 빛바랜 과거의 한순간쯤으로 남게 되지는 않을까. 아이는 그날을 기억할지도 모른다. 바람을 피부 표면에 받아들이듯 바닷가의 기억을 온몸으로 받아들였으니 말이다. 기억 속에서 그날을 떠올리지 못한다 하더라도 아이의 몸속에 그날의 바다는 분명히 저장되어 있을 것이다.

그런데 글을 쓰면서 나는 이 사진에 마음이 쓰이는 이유를 찾고 있다. 사진을 바라보며 느꼈던 서늘함의 정체가 무엇인지 해명해보고 싶어진다. 떠오르는 해를 맞이하듯 바다를 바라보는 이들의 모습은 왠지 애잔하게 다가온다. '그때 그러했지만 이제 더 이상 그곳에 그들은 없다.' 사진이 지시하는 보편적인 운명에 비감해지는 것일까. 바다를 향해 성큼 발을 내딛은 옛날 남자의 당당함과 그의 곁에서 조금 떨어져 미소 짓던 옛날 여자의 부드러움을 이제는 볼 수 없다. 그러나 나는 다른 이유도 알고 있다. 가족의 풍경은 역쇼트가 상실된 영화의 한 장면으로 다가온다.* 10년 후 그들은 IMF를 맞게 될 것이고, 그들이 상상하는 밝은 미래는 그들을 철저히 배신할 것이기 때문이다. 그날의 바다는 어쩌면 그들이 만날 수 있는 마지막 낙관이었을지도 모른다. 가족의 거실에는 항상 고난이 웅크리고 있다.

* 지젝은 에드워드 호퍼의 그림을 '역쇼트가 상실된 쇼트'와 같다고 표현했다. 호퍼 특유의 출구가 막힌 그림의 구도를 다음 장면을 상상하기 힘든 영화의 한 장면으로 비유한 것이다. 슬라보예 지젝, 『시차적 관점』(마티, 2009)

4

유년의 유원지

어항이 부서지던 오후

이미지 철학자 조르주 디디 위베르만은 말한다. 이미지 앞에 있을 때 우리는 언제나 어떤 시간 앞에 있게 된다고. 어떤 이미지를 마주한다는 것은 어떤 시간을 마주하는 일이라고.• 그렇다면 우리가 마주하는 시간은 어떤 시간에 속하는 것일까? 온전히 과거에 속한 것도, 현재에 속한 것도 아닌, 과거와 현재 그 어딘가에 문득 열린 시간. 그 시간을 우리는 기억이라 부른다.

• 조르주 디디 위베르만, 『반딧불의 잔존』(길, 2012)

　이미지를 통해 소환되는 기억은 언제나 문득, 그곳에 출현한다. 그 시간을 영원히 가질 수도, 그 속에 계속 머무를 수도 없다. 그래서 벤야민은 우리가 잊었던 그 기억을 결코 온전히 되찾을 수 없다고 했다. 그것은 어떤 깨달음처럼 우리를 멈춰 세운다. 그 자리에서 우리는 유년을 돌아본다.

이미지는 늘 유년의 흔적 근처를 헤맨다. 싸르르, 배가 아파오면 배꼽 주변을 어루만지게 되는 손처럼 그렇게. 언제인지는 분명치 않지만 어렸을 때의 기억이 있다. 사실 어린 시절의 기억은 그리 많지 않다. 그날도 집에는 언니와 나 둘만 있다. 다른 언니들은 학교에 갔던 것을 보니 우리가 입학하기 전의 일이다. 엄마는 김칫거리를 사러 시장에 가셨고, 언니와 나는 방에서 놀다 가끔씩 대문 밖을 내다보며 엄마가 돌아오기를 기다린다. 맛있는 빵이나 과자를 사오실지 모른다는 기대감을 안고서.

시간이 지나도 엄마는 오시지 않고, 언니와 나는 슬슬 심심해진다. 방 안을 하릴 없이 헤매다가 무언가 일을 내고야 만다. 먼저 기억에 떠오르는 것은 방바닥에 흥건히 고인 물 그리고 주변에 흩어진 금붕어 몇 마리와 깨진 유리 조각들이다. 어항을 깨뜨린 것이다. 그런데 거북이가 보이지 않는다. 목을 잔뜩 움츠린 채 방바닥 어딘가에서 납작 엎드려 있을 텐데. 딱딱한 갑옷을 입었으니 많이 아프지는 않았을 것이다. 그나저나 금붕어가 살아 있을지 걱정이다.

서울, 1987

어항 속 작은 세계는 내가 이해해야 할 첫 번째 세계였다. 어항 유리 벽에 코를 박고 뿌연 그 속을 한참 동안 바라보곤 했다. 금붕어는 왜 그런 이름을 갖게 되었는지 늘 궁금했다. 거북이도 마찬가지였다. 왜 사물은 그런 이름을 갖게 되었을까. 금붕어의 느린 유영을 바라보다 지치면 너울거리는 어항 속 작은 수초들을 하염없이 바라보곤 했다. 마음속에서도 무언가가 어른거렸다. 코가 찌그러질 때까지 뿌연 유리벽에 얼굴을 파묻고 무슨 생각을 했던 것일까. 이 작은 세계 말고 나를 데려갈 다른 세계를 기대했던 것일까.

그런데 어항은 어떻게 바닥에 떨어졌을까. 엄마가 집에 돌아와 그 광경을 보고 뭐라고 하셨는지 기억나지 않는다. 이상하게도 야단맞은 기억은 없다. 다만 그날 이후 어항은 집 안에서 다시 보이지 않았다. 금붕어와 거북이도 사라졌다. 엄마는 새로운 어항을 사 주시지 않았다. 일종의 처벌이었던 셈이다.

유년의 첫 기억은 그렇게 어떤 것을 망쳤다는 느낌으로 남아 있다. 그런데 무엇을 망쳐버린 것일까. 무엇을 깨뜨린 것일까. 깨어진 조각을 온전히 맞출 수는 없다. 온전히 떠올리지 못하는 기억처럼.

사진도 그러하다. 사진은 표면만을 잡아챈다. 세상의 외관을

뜯어내 만든 조각난 퍼즐. 퍼즐을 다 맞추면 전체 그림을 완성할 수 있을까. 안타깝게도 퍼즐 조각을 다 모은다 해도 그림 전체를 맞출 수는 없을지도 모른다. 애초에 그런 것은 존재하지 않았으니까. 이미 깨어진 세상이 우리가 처음 본 세상이므로.

서정시를 배우는 시간

선생님은 칠판에 따뜻하고, 아름다운 말들을 적어나갔다. 서정시를 배우는 시간이었다. 자연이 주는 감동을 시인이 아름다운 말로 표현한 것이라고 했다. 시인의 말은 와닿지 않았다. 예쁘게 꾸며낸 말처럼 여겨졌다. 선생님이 칠판에 적어놓으신 수업 내용을 받아 적으면서 공책 한구석에 알 수 없는 선들과 도형들을 그려넣었다.

자연을 느낄 수 없다는 것은 오랜 결점처럼 느껴졌다. 주위에는 온통 뿌리가 잘린 자연들이었다. 동네를 흐르는 도랑물에서는 자주 비린내가 났다. 아이들은 슬레이트 지붕 아래 시멘트를 바른 회벽으로 둘러싸인 골목에서 고무줄을 하며 뛰어놀았다.

집 짓는 공사장 빈터에 쌓여 있던 모래더미를 모래사장이라 불렀다. 거기서 모래성을 쌓고 두꺼비집을 지으며 오후를 보냈다. 공사장의 모래는 거칠고 메말라 있었다. 두꺼비집이 허물어지지 않도록 오래도록 모래를 다졌다. 저녁이 되어 집으로 돌아갈 때가 되면 모래로 만든 집은 모두 허물어야 했다.

여름방학이면 공책 가득 식물 채집을 했다. 하지만 몰아 쓴 일기처럼 함부로 버려질 것이 분명했다. 공책 갈피 속에서 명아주와 망초는 납작하게 눌린 채 시들어갔다. 토끼풀은 늘 무성했고, 왕관과 팔찌, 반지를 만들기에 충분했다. 아주 가끔 네 잎 클로버를 발견하는 행운이 찾아오기도 했다. 피아노 소리가 들리는 2층 양옥집 정원의 벽돌담 바깥으로 피어나온 5월의 들장미에 눈길이 머무는 것은 어쩔 수 없었다.

내게는 모든 것이 너무나 불투명하고 모호하게 느껴졌다. 어른들의 말은 왠지 믿을 수 없었다. 이야기를 귀담아 들어주거나 눈을 마주쳐주는 어른들은 없었다. 무언가 감추고 있다는 느낌이 들었다. 거짓말을 지어내는 아이처럼 그들의 표정은 단조롭고, 딱딱하게 굳어 있었다. 그들도 누군가의 눈치를 보거나 뭔가를 경계하는 것이 아닐까 싶었다. 말하지 않는 무언가가 더 있을 것 같았다. 그것이야말로 실은 더 중요한 것이고 이 세계를 설명해줄 것이라는 생각이 들었다. 이 세계를 이해할 수 없다는

성남. 1987

사실이 고통스러웠다. 빨리 어른이 되고 싶었다.

그렇다고 늘 불행했다는 말은 아니다. 친구와 발맞추어 걸었고, 미래를 기약했고, 지금보다 더 나은 일들만 있을 것이라고 기대했다. 일요일에는 '어떤 날'의 「오후만 있던 일요일」을 들었고, 비에 젖은 포도鋪道를 조심스럽게 밟으며 친구 집에 놀러가기도 했다. 그러나 늘 무언가 갑갑하고, 억눌려 있던 것은 분명하다.

벤야민은 자신의 어린 시절을 담은 『베를린의 유년시절』 첫 장을 「동물원」이라는 표제로 시작한다. 동물에 관한 이야기는 등장하지 않는다. 그림자로만 남아 있는 동물들의 흔적을 엿볼 수 있을 뿐이다. 벤야민은 허위의 그림자들이 드리워진 세계를 살아가는 기분을 말하고 싶었던 것이 아닐까. 마음의 활기를 잃고 창백한 표정으로 살아가는 동물들처럼.

어린 시절 또한 그런 것이다. 사슴의 몸은 기다란 철기둥이 관통하고 있다. 사슴은 그 자리에 붙박인 듯 꼼짝하지 못한다. 사슴은 처음부터 달릴 수 없었다는 생각이 문득 들었다.

운동장 조회

학교 본관 앞에 있는 국기 게양대에서는 태극기가 흩날렸다. 본관 앞 화단에는 동상이 세워져 있었다. 누구를 위한 기념물이었는지 기억나지 않는다. 동상의 얼굴과 어깨는 새똥으로 어지럽게 퇴색되어 있었다. 동상 앞을 지나치는 누구도 그의 얼굴을 궁금해하지 않았다. 교문을 지나 본관으로 들어가는 모퉁이에는 토끼장이 있었다. 월요일 아침마다 반을 정해 풀을 주고 토끼장을 청소해야 했다. 교장 선생님이 키우는 토끼는 우리보다 더 건강하게 자랐다.

토끼장에서 본관으로 가는 사잇길에 수돗가가 있었다. 수도 아래서 입을 벌리고 물을 마시면 차가운 쇠비린내가 입에 남

았다. 운동장 구석의 철봉과 빈 그네에서도 쇠비린내가 났다. 철봉은 차갑고 녹이 슬었다. 철봉을 만지면 손에 벌건 쇳가루가 묻어났다. 그네는 움직일 때마다 삐걱대는 소리를 냈다.

1학년 교실은 학교 가장 안쪽에 있는 낡은 목조 건물이었다. 일제강점기에 세워진 건물이라고 했다. 복도를 따라 걸을 때마다 나무로 된 마룻바닥은 삐걱대는 소리를 냈다. 복도에서 뛰면 벌을 받았다. 조금만 움직이면 삐걱거리는 소리에 발뒤꿈치를 들고 살살 걸어야 했다. 나무로 된 책상과 걸상은 너무 무거웠다. 나이 든 여선생님은 청소 시간마다 책상과 걸상을 끌면 안 된다고 새된 목소리로 다그치셨다. 한 달에 한 번 손걸레를 만들어 와 윤이 날 때까지 복도와 교실 바닥에 왁스칠을 했다. 가끔씩 나뭇가시가 손바닥에 박혔다. 마룻바닥은 실내화를 신지 않으면 안 될 정도로 겨울에는 얼음장처럼 얼어붙었다.

애국 조회가 있는 월요일이면 교장 선생님의 훈화가 있었다. 반별로 앞으로 나란히 간격을 맞추어 선 채로, 부동자세로 선생님의 말씀을 들었다. 무더운 여름날 아이들이 더위에 픽픽 쓰러져 양호실에 실려 가도 교장 선생님의 말씀은 끝나지 않았다. 그때 처음으로 그런 감정이 있다는 것을 깨달았다. 나중에야 그것을 하나의 단어로 표현할 수 있었다. 그것은 증오였다.

이른 아침, 아이들이 오지 않은 텅 빈 교실에 앉아 있는 것이 좋았다. 혼자 있는 것이 허락된 유일한 시간이었다. 등교를 서두른 이유였다. 아침 햇살에 운동장의 모래는 반짝반짝 빛났다. 사각사각 모래를 조용히 밟고 가는 것이 좋았다. 운동장을 걷다 보면 가끔씩 반짝이는 것이 보였다. 유리조각 아니면 남자아이들이 흘리고 간 구슬이었다.

분단별로 자리를 옮길 때 운이 좋으면 창가 자리에 앉을 수 있었다. 수업이 시작되어 사람 그림자가 끊긴 교정을 바라보는 것이 좋았다. 열린 창문 사이로 아카시아 꽃 냄새가 풍겨왔다. 비탈진 학교 언덕엔 아카시아가 무성했다. 아카시아 꽃이 피면 흰 눈이 뒤덮인 듯 환했다. 아카시아 꽃에선 달콤한 맛이 났다. 등나무 꽃에서도 향기가 났지만 맛은 씁쓸했다.

마음은 늘 조마조마했다. 남자 짝꿍은 책상 중간에 금을 긋고 넘어오면 안 된다고 윽박질렀다. 선생님은 도화지에 크레용으로 그린 선을 벗어나지 않게 색칠하라고 하셨다. 금 밖으로 색칠이 나가거나 금을 뭉개지 않도록 살살 칠해야 했다. 금을 밟거나 선 바깥으로 나가면 죽는 것투성이었다. 그냥 먼저 금을 밟아버리고 바깥으로 나가고 싶었다. 피구를 할 때면 날아오르는 공을 온몸으로 맞고 얼른 죽은 사람들 대열에 들어서고 싶었다.

한낮의 햇빛은 운동장에 가장 어두운 그림자를 드리웠다. 운동장의 모래는 뜨겁게 달궈졌다. 주번이 나르는 물주전자로 그은 선은 금세 말라갔다. 아이들은 수돗가로 몰려들어 쇠비린내도 아랑곳하지 않고 차가운 물로 목을 축였다.

검정 볼펜으로 그린 친구의 손목시계에 그려진 시간은 언제나 오후 4시를 가리키고 있었다. 집으로 돌아가는 시간이었다. 언제든 원할 때 시간을 바꿀 수 있는 진짜 시계를 갖고 싶었다.

얼마 전 한 선생님의 회고록을 읽었다. 그는 이렇게 썼다.

아무도 없는 교실에는 때 묻고 찌그러진 조그만 책상들이 60여 개 나란히, 꼭 아이들이 귀엽게 나를 쳐다보는 것 같다. 뒤편에는 오늘 그린 그림들이 걸려 있다. 거기에는 운동장에 뛰노는 아이들의 온갖 모습들이 재미있는 선과 아름다운 색으로 나타나 있다. 그리고 전시판 밑에는 조그만 손으로 주물러 짜서 걸어놓은 걸레가 널려 있다. 내일 아침이면 또다시, 온갖 희망과 걱정과 슬픔을 안고 67명의 어린 생명들은 이 교실을 찾아올 것이다. 교사라는 내 위치가 새삼 두려워진다. 이렇게 괴로운 시대에 내가 참 어처구니없는 기계가 되어 어린 생명들을 짓밟고 있는 것이 아닐까 생각할 때 견딜 수 없는 심정이 된다.

_1962년 9월 21일 금요일 일기, 『이오덕 일기—1962~1977』(양철북, 2013)에서

학교에서, 우린 각자 두려웠지만, 누구도 서로를 돌보지 않았다.

멀리서 들리는
사이렌 소리

그날 새벽잠을 깨운 것이 무엇이었는지 분명치 않다. 바닥없는 깊은 잠 속에 빠져 있다 갑자기 현실로 불려나온 느낌이었다. 눈을 떴을 때 방 안은 어두웠지만 열린 문틈 사이로 거실의 환한 불빛이 새어 들어왔다. 잠시 나를 깨운 것이 불빛이라고 생각했다. 마루에서 두런거리는 소리가 들려왔다. 그리고 그보다 더 멀리서 사이렌 소리가 들려왔다. 이어 경보음 같은 소리가 쉬지 않고 이어졌다. 가족들은 마루에서 서성대고 있었다. 잠시 후 누군가 대문 밖으로 나가는 소리가 들렸다. 아버지가 무슨 일이 있는지 알아보려고 나가시는 것 같았다. 언제 다시 잠 속으로 빠져들었는지 기억나지 않는다. 눈앞에 붉은 빛이 너울거렸다는 기억이 있지만 실제로 본 것인지, 상상이었는지 확실치 않다.

다음 날 아침, 지난 밤 사이렌 소리의 정체를 알았다. 동네 극장에서 불이 났다고 했다. 건물은 많이 탔지만 사람이 다쳤다는 이야기는 듣지 못했다. 국제극장은 당시 동네에 있던 유일한 극장이었다. 서울 변두리 극장에 붙인 이름치고는 거한 편이지만 그 시절엔 그렇게 이름을 붙이는 것이 당연하게 여겨졌다. 어린이라면 누구나 대통령을 꿈꾸는 시절이었으니 말이다. 극장이 불탄 자리에는 예식장이 들어서서 한동안 성업했고, 이어 교회가 들어섰다. 현재는 교회에서 어린이집을 운영하고 있다.

국제극장에서 일어난 화재 사건은 오랫동안 기억 속에서 지워져 있었다. 기억을 떠올린 것은 우연이었다. 지난여름 무더운 어느 오후였다. 며칠째 이어지는 더위에 거리는 묵직한 기운으로 눌려 있었다. 눅눅한 오후의 대기에 혼곤해져 서촌 근처 골목을 맥없이 걷고 있었다. 그때 멀리서 요란하게 소방차 사이렌 소리가 들려왔다. 이어 경보음 소리가 이어졌다. 골목 안쪽에서 놀던 남자 아이들 몇몇이 사이렌 소리가 들리는 대로변 쪽으로 뛰어가는 것이 보였다. 걸음을 멈추고 아이들의 뒷모습을 한동안 바라보았던 것 같다.

사이렌 소리는 분명 대로변에서 들려왔지만 기억조차 할 수 없는 아주 먼 곳에서 울려 퍼지는 것 같았다. 어디라고 할 수 없는 그곳으로부터 울려 퍼져 이제야 내 귓가에 당도한 느낌이었다. 그때 문득 오래전 한밤중에 들었던 사이렌 소리가 생각났다. 오랫동안 잊고 있던 동네 극장의 이름도.

생각해보면 사이렌 소리는 늘 울리고 있었다. 매일 밤 자정이면 통금을 알리는 사이렌 소리가 들려왔고, 매달 15일 오후 2시에는 민방위의 날 공습경보 훈련을 알리는 사이렌 소리가 울렸다. 해질 무렵 국기 하강식에 맞춰 애국가가 울리는 그 자리에 멈춰 섰고, 현충일 오전 10시에 울리는 사이렌 소리에 묵념을 했다. 언제라도, 어디에서라도 사이렌 소리는 울리고 있었다.

그날 아침에도 사이렌 소리는 울려 퍼졌다. 한가로운 초봄, 끝나가는 봄방학을 아쉬워하며 집에서 빈둥대던 날이었다. 오전 10시가 지나 공습경보를 알리는 사이렌 소리가 울렸다. 처음엔 늘 있는 훈련 경보 발령이라고 생각했다. 하지만 평일 오전에 훈련 경보가 울리는 일은 드물었다. 그날따라 집에 아무도 없어서 당황스럽기만 했다. 정말 무슨 일이 일어났나 싶었다. 다급한 마음에 라디오를 켜자 남자 아나운서의 긴장된 목소리가 들려왔다. "이 방송은 실제 상황입니다. 서울·중부 지역에 경계경보를 내립니다." 그날 밤 9시 뉴스는 북한군 조종사의 귀순 소식을 첫머리에 알렸다.

1983년 2월 25일, 평안남도 개천 비행장을 이륙한 북한 공군 조종사 리웅평 상위는 편대를 이탈하여 해주를 지나 서해 연평도 상공 북방한계선을 넘어 북한 공군 주력기 미그 19기를 몰고 귀순했다. 리웅평 대위는 훤칠한 키에 골격이 건장한 남성이었다. 북한 사람들은 못 먹고 못 입어 볼품없다는 말은 사실이 아니었다. 그가 몰고 온 전투기가 6.25 전쟁 당시에도 사용된 중공군의 전투기라는 사실에 위협감을 느끼기도 했지만 사람들의 관심은 이내 그가 받게 될 보상금에 쏠렸다. 자유민주주의의 품에 안긴 귀순 용사를 축하하는 카퍼레이드까지 벌였지만 곧 그의 이름은 잊혔다(그가 2002년 5월 48세의 이른 나이에 간경화로 길지 않은 생을 마감했다는 사실은 최근에야 알았다).

사이렌 소리는 늘 울려 퍼졌고, 훈련 경보는 일상적인 일이었다. 민방위 훈련이 있는 날이면 가끔 오후 수업을 안 하고 모의 대피 훈련을 하기도 해서 은근히 기다려지기도 했다. 훈련과 경계로 지켜야 할 체제가 과연 어떤 것인지 좀처럼 분명하게 다가오지 않았다. 친구들과 떠난 첫 여행에서 그 실체를 맞닥뜨리기 전까지는.

경춘선 비둘기호를 타고 춘천에 간다는 것. 그것은 십대라면 누구나 꿈꿨던 낭만적인 여정 중 하나였다. 가을이었고, 날씨는

경기도 평택, 1986

더없이 좋았다. 당일치기 여행이었지만 한 달 전부터 계획을 세웠다. 설레는 마음을 안고 청량리역에서 기차를 탔다. 가평역을 지나 얼마 지나지 않아 안개 낀 북한강변이 차창 가득 들어왔다. 창밖 풍경 하나 하나를 기억에 담아 두고 싶어 듣고 있던 테이프 레코더를 잠시 멈추기도 했다.

마침내 춘천역에 도착했다. 역은 생각보다 작았고, 주변은 조용하고 한적했다. 주변 건물들은 모두 키가 낮아 하늘이 더욱 높아보였다. 광장이라고 할 것도 없었다. 역을 빠져나오자 좁은 도로가 있었고, 건너편 높은 회색 벽돌담과 그 위에 설치된 철조망이 시야를 가로막았다. 그 벽에 가로막혀 역 앞은 작은 공터처럼 보였다. 모든 것이 기대했던 것보다 조금씩 시시했지만 결코 실망하지 않았다. 우린 이미 모든 것을 신기하고 흥미롭게 받아들일 준비가 되어 있었다.

배가 고팠던 우리는 역 앞에 쪼그리고 앉아 준비해 온 컵라면과 김밥을 꺼내 서둘러 먹기 시작했다. 얼마 지나지 않았을 때였다. 뭔가 크르릉 하고 땅을 울리는 진동이 느껴졌다. 곧이어 거대한 굉음이 벽 너머에서 들려왔다. 고막을 찢을 듯한, 들을 수 있는 한계를 넘어선 소리였다. 이제껏 그런 소리는 한 번도 들어본 적이 없었다. 나를 둘러싼 세계에서 이런 소리가 울리고 있다는 것이 신기할 정도였다. 전혀 예상치 못한 일에 놀라 우리는 컵라면과 김밥을 싸들고 다시 역 안으로 들어갔다. 그러고도 한참 동안 굉음은 그치지 않았다. 역 주변의 모든 공기를 빨아들일 기세로 울리던 거대한 굉음의 정체는 곧 드러났다. 그것은 미군 헬기가 이륙하는 소리였다.

철망으로 둘러쳐진 벽 너머에는 미군 캠프 페이지가 주둔하고 있었다. 1958년부터 춘천에 주둔한 캠프 페이지의 주요 임무는 휴전선에 대한 대공 방어와 군수물자, 구호품 수송이었고, 반환 이전까지 부지에는 미군 2사단 소속 아파치 헬기 부대가 주둔하고 있었다. 6.25 전쟁 발발 다음 해인 1951년 주한 미군에게 부지가 양여되어 2012년 춘천시가 부지 사용권을 돌려받기까지 61년 동안 캠프 페이지는 춘천을 가로지르는 '도심의 섬'으로 남아 있었다. 부지 근처 주민들은 하루에도 수십 차례 헬기들이 뜨고 내리는 통에 엄청난 소음에 시달렸지만 전쟁의 위협 때문에 헬기 소리가 안 들리면 오히려 불안해했다고도 한다.

철학자 지젝은 쇤베르크의 음악이 가져다준 경악과 공포는 홀로코스트와 대량 폭격의 공포를 미리 체험하게 한 것이라고 특유의 거침없는 독설을 늘어놓았다. 이제부터 당신들은 이 음악보다 더 놀라운 일을 겪게 될 것이며 현대음악의 불협화음과 부조화는 그에 비하면 정말 아무것도 아니었다는 것이다.

춘천역에서 들었던 헬기의 굉음은 내가 살아온 세계를 지탱하는 어떤 질서의 실제 모습을 보여주는 듯했다. 전쟁 기계 같은 이 세계의 톱니바퀴가 작동하는 모습을 엿본 것 같았다. 그것은 어떤 자각의 순간이었다. 이 세계의 한쪽에서는 늘 그렇게 커다란 굉음이 울리고 있었지만 그 소리에 귀가 멀어 아무 소리도 들리지 않는 것으로 착각하고 있었던 것이다.

지난여름 오후 멀리서 들려온 사이렌 소리에 반응한 것도 그런 자각의 일부였다. 늘 귓가를 맴돌던 사이렌 소리에 무뎌진 감각 사이로, 무언가 전과는 다른 느낌의 소리가 들려왔던 것이다. 그 순간 오랫동안 기억하지 못했던 국제극장과 화재 사건을 떠올릴 수 있었다. 그 소리는 무언가를 촉구하는 것처럼, 무언가 중요한 것을 잊어버리지 않았는지 뒤돌아보길 요구하는 것처럼 느껴졌다.

기억 속에 국제극장의 화재 사건은 중요한 무언가를 오랫동안 망각해온 것 같은 이상한 염려로 남아 있었다. 왜 그때 이불 속에서 나와서 무슨 일이 일어났는지 묻지 않았을까. 그날 내가 보았던 붉은 빛은 무엇이었을까. 나는 무엇을 놓치고 있었던 것일까.

그날 밤 잠 속에 빠져 있던 나를 깨운 그 소리는 일종의 침입이기도 했다. 평온한 일상의 세계가 침범당하고, 무언가에 위협

당할 수 있다는 예고였다. 앞으로도 그런 일은 또 일어날 것이며, 어쩌면 반복될 것이며, 그런 침입에 무뎌져 살아갈 것이라는 하나의 예시이기도 했다. 마치 캠프 페이지 주변 주민들이 헬기 소리가 들리지 않으면 불안해졌다는 것처럼. 그것이야말로 앞으로 살아가게 될 세계가 가진 폭력성의 전조였다.

5

가면, 얼굴들

가
면
들

대학에 입학한 1989년, 그해 가을 베를린 장벽이 무너지며 사회주의는 붕괴의 서막을 알렸다. 2년이 지난 1991년 겨울, 서울 지역 각 대학에서는 학생회 간부를 비롯한 학생 대표들을 모아 러시아 단체 여행을 기획했다. 자본주의의 승리와 체제의 아량을 베풀고 싶었던 듯하다. 아는 선배도 그때 러시아 여행을 다녀오는 행운을 누렸다. 여행에서 돌아온 선배는 기념 선물로 구소련 공산당의 배지와 기념엽서를 가져왔다. 레닌의 젊은 시절 모습이 담긴 엽서는 둘레에 휘장처럼 붉은 테두리를 두르고 있었다. 레닌을 두고 타타르인 특유의 눌린 얼굴이라고 했던 이유를 알 것 같았다. 납작한 코에 광대뼈가 나온 몽골족 후예라는 말이었다. 구소련 공산당의 붉은 깃발을 미니어처로 만든 배지는 앙증맞기까지 했다. 사회주의 모국에서 온 '수브니르souvenir'는 생각보다 '팬시fancy'했다.

레닌은 추억의 기념품이 되었고, 대학가에 막 등장하기 시작한 록카페에는 체 게바라의 휘장이 넘쳐났다. 혁명은 시한이 지난 부도수표가 되었지만 수입 병맥주의 거품처럼 맥없이 넘쳐났다. 혁명은 현실에서 멀어졌지만 어디를 가나 'REVOLUTION'은 유행이었다. 1학년 전공 수업에서 마르크스의 「공산당 선언」을 읽었지만 누구도 마르크스의 유령이 배회하고 있다고 느끼지 않았다. 어떤 세계가 망해버린 것을 목도한 것이다.

망해버린 '악의 제국'의 대척점에 서 있던 또 다른 세계라고 마냥 무사(?)한 것은 아니었다. 끊임없이 새로운 적과 전쟁 시나리오를 만들어낸 꿈의 공장, 할리우드는 냉전의 해체에 가장 극적으로 반응했다. 몇 번의 위기와 궤도 수정이 있었고, 그사이 새로운 유형의 영웅이 등장했다. 오늘날의 슈퍼 히어로 무비는 그 변형의 변형이다. 악당은 늘 지구를 위협하고, 재앙은 전 지구적인 문제들이지만, 적은 더 이상 세계의 경찰국가를 자처하는 미국과 이념전쟁을 벌이는 악의 제국이 아니다. 실체도 없는 금융제국이거나 환경과 에너지 위기를 가져오는 생태파괴주의자들이고, 그들 뒤에는 글로벌 자본주의가 자리 잡고 있다. 그래

경기도 성남, 1988

경상남도 진주, 1986

서 이들과 맞서 싸우는 히어로를 응원하는 관객들은 전 지구적인 문제에 개입하려는 성찰적인 시민으로 자리하게 된다. 월스트리트를 점령한 시위대들처럼 말이다.

오늘날 우리가 마주한 문제의 많은 부분은 전 지구적인 차원에서 고민해야 할 문제들이긴 하지만 한 가지 숨겨진 전제가 있는 것 또한 사실이다. '악의 제국'이 사라진 세계에서 영웅들은 '어벤저스'로 떼 지어 몰려다니지만 여전히 미국의 문제를 전 지구적인 차원에서 고민하고 있다는 것. 그것을 바라보는 관객들에게는 어떤 위화감도 없다. 지젝의 표현대로 우린 "이미 미국인들"이기 때문이다.

그렇다면 우리는 언제부터 미국인이었을까. 〈주말의 명화〉에서 질주하는 말 잔등에 올라타 공기를 가르며 인디언을 추적하는 백인 기병대를 보았을 때부터인가. 소머즈의 귀와 육백만불의 사나이의 괴력을 부러워했을 때부터였던가. 아니면 그보다 더 오래전 조선총독부 건물 국기 게양대에 일장기가 내려가고 성조기가 오를 때부터였던가.

내가 아는 미국의 얼굴은 늘 그의 얼굴과 겹친다. 그의 얼굴은 유난히 가면처럼 느껴졌다. 자신에게 최상의 가면은 바로 자신의 얼굴이라는 기묘한 역설을 입증이라도 하듯이. 행동 하나 하나도 연기를 하는 것처럼 보였다. 실제로 그는 전직 배우였고, 백악관에 입성한 후 자신의 배우 경력을 통틀어 보여줬던 연기보다 훌륭한 연기를 보여주었다. 사실 그는 삼류 배우였고, 연기력보다 친화력과 리더십이 뛰어난 것으로 알려졌다.

로널드 레이건, 그는 월남전 패배 이후 제국주의 강자로서 빛을 잃어가던 미국이 찾고 있던 강한 대통령이었다. 전형적인 백인의 얼굴을 가진 남자였고, 시시한 영화들이었지만 항상 믿을 만하고 선량한 주인공 역할을 맡았던 배우였다. 그는 누구보다 자신의 이미지를 잘 활용했고, 그 자체가 가장 훌륭한 이미지이기도 했다. 실제로 그가 대통령직을 수행하면서 이용했던 많은 이미지와 캐릭터 또는 내러티브는 할리우드 영화에서 그 출처를 찾을 수 있다. 그가 연설이나 토론에서 영화의 대사를 활용했다는 것은 널리 알려진 이야기다. 『하드 바디』의 저자 수잔 제퍼드는 할리우드가 레이건의 플롯을 제공했고, 배우 시절 그랬듯 그가 주인공으로 활약할 수 있는 내러티브를 창조해주었다고 분석한다.

자유진영의 맹주이자 수호국인 미국의 대통령으로서 그는 소련과의 군비경쟁을 승리로 이끌고 '힘의 우위를 통한 평화'라는 미국 내 보수강경파의 신념을 실천했다. 그를 보수 '매파'의 아이콘이라 부르는 이유다. 레이건의 용기(?)와 신념의 근원은 자신

경상남도 진주, 1986

이 대적하고 있는 대상이 '악의 제국'이라는 개인적인 믿음에 있었다. 『뉴욕타임스』는 당시 그의 발언을 두고 "단순하고 편협하며 대단히 위험하고 원시적인 발상"이라고 비난했지만 레이건은 '악의 제국'을 멸망시키고 인류의 자유를 회복시켜줄 최후의 전쟁 아마겟돈을 벌여야 한다고 믿고 있었다. 그것은 할리우드가 무한히 반복해온 서사이자, 미국인들을 하나로 모을 수 있는 이데올로기였다.

레이건의 시대는 람보의 시대이기도 했다. '매파' 레이건의 등장은 '하드 보디' 람보의 귀환으로 완성되었다. 영화 「람보」(1982)의 주인공 람보는 월남전의 상처를 안고 만신창이가 되어 고향에 돌아오지만 그 누구에게서도 이해받지 못하고, 미국 사회의 비열함에 분노해 다시 총을 든다. 패배자에 퇴역군인인 람보의 부활은 당시 미국이 바라던 강한 남성성을 강렬한 액션과 근육질의 몸, 하드 보디로 재현해냄으로써 상처받은 미국의 자존심을 회복하고, '미국적인 영웅'의 서사를 다시 써나갔다. 할리우드 영웅의 몸은 국가적 신체를 대신하며 '강한 미국의 서사'를 공고히 했다. 그것이 조롱이든 무의식적인 동일시든, 당시 「람보」의 흥행과 함께 레이건 대통령이 람보로 등장하는 패러디 포스터가 유행하기도 했다.

매우 놀라운 일이지만, 나비효과라고 말해도 좋을 정도로 거대한 세계 질서는 한반도의 시골 장터에까지 그 소용돌이의 흔적을 남겼다. 장터의 소일거리 속으로 들어온 세계 질서의 한 면목을 어떻게 봐야 할까. 레이건 가면을 쓴 남자는 어두운 가상의 세계로 이끄는 거간꾼처럼 보인다. 그의 손에 이끌려 우리가 마주하게 될 어둠 속 광경은 무엇일까. 그런데 줄 전구가 드리워진 가건물 벽면에 그려진 그림이 무척 흥미롭다. 벗은 상체에 기관총을 든 모습이 한편으로는 람보를 연상시키지만 어깨와 팔에 두른 검투사 복장에서 로마군에 대항해 노예의 반란을 일으킨 스파르타쿠스를 떠올리게 된다. 람보와 스파르타쿠스는 대중이 열망하는 영웅의 모습에 가깝다. 하지만 가면을 쓴 사나이가 안내하는 가상의 세계에서 또 언제 대중을 배신할지 모른다. 가면을 쓴 남자가 이끄는 칸막이 너머의 세계는 바르트가 말한 이데올로기이자, 한 시대가 그리는 상상적 세계이며, 한 사회라는 영화관일 것이다. 이 광경을 바라보는, 맥고모자 쓴 할아버지의 생각이 궁금하다.

TV 속의 남자

레이건의 집권기간과 그 남자의 집권기간은 겹쳤다. 그는 통일주체국민회의라는 수상쩍은 기관에서 치러진 선거를 통해 득표율 100퍼센트로 대통령에 당선되었다. 통일주체국민회의는 그 남자의 정치적 아버지인 전임 대통령이 만든 유신헌법이 보장한 (?) 국민을 대표하는 기관이었다. 대통령 선거는 체육관에서 이뤄졌다. 사람들은 이를 두고 '체육관 선거'라고 했다. 지금은 대통령을 국민의 손으로 직접 뽑는 일이 상식처럼 여겨지지만 그 상식을 되찾기 위한 오랜 분투가 있었다. 게다가 득표율 100퍼센트라니. 바나나 공화국*에서나 벌어질 법한 일이었다.

그 남자는 대통령이 되자마자 서둘러 미국 방문을 추진했다. 방문이 성사되자 언론은 그 사실을 대대적으로 홍보했다. 그 남자와 레이건의 정상회담은 의전을 빼면 5분밖에 걸리지 않았다. 통상적으로 이루어지는 초청국 주최 정식 만찬 역시 방미 기간 중 한 번도 열리지 않았다. 그 남자와 동반한 부인이 백악관에서 레이건 대통령 내외와 함께 기념사진을 찍는 장면을 텔레비전을 통해 사람들

● '위키 백과에 따르면, 바나나 공화국은 바나나 등의 한정된 일차산품의 수출해 의지해, 주로 미국 등의 외국 자본에 제어받으며 부패한 독재자와 그 수하가 정권을 장악하고 있는 정치적으로 불안한 작은 나라를 가리키는 경멸적인 말이다. 우디 앨런은 1971년 같은 제목의 영화를 만들기도 했다.

은 지켜보았다. 남자의 과시적인 몸짓은 여전했고, 그의 부인도 이에 질세라 한껏 성장한 차림이었다. 궁중복을 연상시키는 한복에 족두리까지 쓰고 있었다. 자신들을 극동의 동방예의지국에서 온 왕과 왕비 정도로 생각한다면 가능한 선택이었다. 그러나 현실은 달랐다. 우스꽝스러울 뿐이었다. 그 간극은 그가 집권하는 기간 동안 계속되었다.

남자는 뒷목을 빳빳이 세우고 잔뜩 내리깐 목소리에 근엄한 표정으로 일관했다. 그렇게 스스로를 권위 있는 지도자로 자리매김하려 했지만 그럴수록 그가 원하는 이상적인 모습에서 멀어졌다. 그는 '가오 잡는' 패거리의 두목이었다. 그의 얼굴은 묘하게 우스우면서도 섬뜩했다. 전체성은 웃기면서 동시에 공포를 불러일으킨다. 폭력과 같이 늘 그로테스크한 광경을 만들어낸

경기도 성남, 1989

다. 사람들이 그를 마냥 조롱할 수 없었던 이유였다.

그가 어떻게 집권했는지 사람들은 눈치를 채고 있었다. 그가 남쪽의 어느 도시에서 사람들의 피를 흘리게 만들고 대통령의 자리에 올랐다는 사실은 오랫동안 소문으로만 떠돌았다. 그가 벌인 일은 백주 대낮에 벌어졌다. 돌이켜보면 그는 그 사실을 굳이 숨길 생각이 없었던 듯하다. 그 사실을 알고 있는 사람들이 오히려 몸을 숨기고 숨죽여야 했다.

그가 집권하는 동안 그와 함께 권력의 찬탈을 모의한 군인들이 권력을 누렸다. 그들은 관료가 되거나 국회의원의 자리에 올랐다. 그들이 만든 정당은 한국 보수세력의 적자를 자처했고, 권력의 주류로 자리 잡았다. 그들은 특정 지역의 방언을 거칠게 내뱉었다. 그들의 말투와 언어는 어느새 권력자들의 전형적인 언어가 되었다. 그들의 말은 일종의 협박처럼 들렸다. 지극히 뻔뻔하고, 무례하고, 안하무인의 말투였다.

그의 주변에 있는 모든 것들은 지나치게 밝았다. 과도한 조명을 받으며 그는 권력의 영광을 누렸고 그를 지지하는 세력도 득세했다. 한편으로 그 과도한 빛은 감시탑의 서치라이트 불빛처럼 사람들의 삶을 집요하게 뒤쫓는 시선이었다. 도발하는 권력의 빛에 생존을 위협당하는 사람들은 어둠 속으로 침잠해야 했다. 너무 어둡고 너무 밝은 시대였다.•

그 남자가 내건 공화국의 국정 지표는
'정의사회 구현'이었다. 그것은 그 자신의
힘 말고는 그 어떤 힘도 허락되지 않으며

● 이 부분은 쪼르주 니니
위베르만의 『반딧불의 잔
존』(길, 2012)의 영향 속에
쓰였다.

그가 하는 모든 일은 정의롭다는 표현에 다름 아니었다. 제5공
화국은 그 남자의 모놀로그였던 셈이다. 관객에겐 재갈을 물리고
손발을 묶인 채 벌어지는 그야말로 '관객 모독'의 지루한 연극.

남자는 권력의 스펙터클에 집착했다. 컬러텔레비전 방송이
시작된 것도 그 때문인지 몰랐다. 그의 얼굴을 마주치지 않고
지나는 날이 하루도 없었다. 9시 뉴스는 늘 그의 얼굴로 시작됐
다. 사람들은 그의 말투와 외모적인 특징을 두고 조롱했다. 하지
만 자신들이 생각하는 것을 입 밖으로 꺼내기 전까지 두려움을
입안 가득 머금어야 했고, 어떤 소리나 분노도 드러내지 못한
채 사그라지는 일이 더 많았다.

오후 수업이 시작되는 4교시 지구과학 시간이었다. 새로 오신
남자 선생님은 그날도 평소처럼 교실로 들어서서 별다른 이야
기 없이 칠판 가득 필기를 하셨다. 우린 졸린 눈으로 공책에 필
기 내용을 받아 적기 시작했다. 선생님은 필기를 마치고 교실 뒤
를 말없이 걸어 다니셨다. 교실은 선생님의 슬리퍼 끄는 소리만
들릴 정도로 조용했다. 그런데 선생님이 갑자기 쿡 하고 한 번

웃으시더니 말문을 열었다.

"하늘엔 조각구름 떠 있고, 강물엔 유람선이 떠 있고 저마다 누려야 할 행복이 언제나 자유로운 곳." 선생님은 당시 유행하던 노래 가사를 그대로 읊었다. 필기를 하던 우리 중 몇몇은 조금 놀라서 선생님을 돌아보았다. "정말 원하는 것은 무엇이든 얻을 수 있고, 뜻하는 것은 무엇이든 될 수 있는 건가요?" 선생님은 혼잣말을 하듯 내뱉고는 낄낄댔다. 우린 영문을 알 수 없어 어리둥절한 얼굴로 주위를 둘러보았다. 그날 선생님이 던진 말과 웃음의 의미를 이해한 친구들이 얼마나 되는지 알 수 없었다. 그것은 그날 우리가 받아 적은 달과 지구의 중력관계만큼이나 무겁고 한편으로는 가늠하기 힘든 감정이기도 했다.

그 웃음의 의미를 알고 싶었지만 누구에게 물을 수 있는지조차도 알 수 없었다. 그날 오후 수업이 끝나고 도서실에 책을 빌리러 갔다. 도서실에서는 윤리 선생님이 책을 보고 계셨다. 가브리엘 마르케스의 『백년 동안의 고독』을 빌려 나오려던 참이었다. 그때 윤리 선생님과 눈이 마주쳤다. 선생님은 내가 들고 있던 책의 표지를 보시고는 말씀하셨다. "그 책을 읽으려고 하니?" 그렇다고 말하자 선생님은 고개를 가볍게 끄덕이며 한숨을 가볍게 내쉬었다. 문득 윤리 선생님에게는 뭔가 물을 수 있지 않을까 하는 생각이 들었다. 하지만 선생님은 이내 눈길을 거두고 책

속으로 고개를 파묻었다. 가볍게 목례를 하고 도서실을 나왔다. 그날 집으로 돌아오는 길에 생각했다. 지구과학 선생님이 비웃은 것은 매일 밤 9시 뉴스에 나오는 그 남자만이 아니었다. 선생님 자신인지도 몰랐다.

그 남자의 행보는 알려진 대로다. 시민들의 저항의 결과로 그는 자신의 정치적 후계자에게 권력을 내주고 자리에서 물러났다. 새로 자리에 오른 대통령은 정치적 부담을 덜기 위해 제5공화국의 청산을 제안했다. 그가 저지른 죄에 상응하는 죗값은 아니었다.

전두환은 1989년 12월 31일 국회에서 열린 5공비리특위와 5.18광주특위의 합동청문회에 출석해 증언했다. 이날 증언은 TV로 생중계되었다. 그는 광주민주화운동의 유혈진압은 자신과 무관하며 12.12사태는 우발적 사건일 뿐 그 이상도 그 이하도 아니라고 주장했다. 그는 지금껏 한 번도 자신의 죄과를 인정하지도, 진정 어린 사과를 하지도 않았다.

한낮의 퍼레이드

도로는 텅 비어 있다. 멀리 하늘에는 뭉게구름이 높이 떠 있다. 텅 빈 도로 한 가운데를 호랑이 인형 옷을 입은 사람이 걸어간다. 인도 주변으로 길게 늘어선 사람들은 누군가를 기다린다. 얼마나 시간이 지난 걸까. 무료해진 아이들은 흐트러지고 바닥에 주저앉는다. 그들은 이 축제의 주인공이다. 그러나 초대받지 않은 손님들처럼 보이기도 한다. 이것은 이상한 축제다. 텅 빈 것은 도로만이 아니다.

비슷한 광경을 언젠가 다른 곳에서 본 기억이 있다. 해방 후 혼란스런 상황을 담은 기록영화의 한 장면이었다. 일왕의 종전 선언 이후 퇴각하는 일본 군인과 본토로 돌아가는 일본인들의

서울, 1988

행렬을 조선인들은 묵묵히 지켜본다. 감정을 억누른 듯 무표정한 얼굴에는 분노와 경멸이 교차했다. 해방의 감격은 오래가지 않았다. 태극기를 들고 거리로 뛰쳐나와 광복의 기쁨을 누린 지 얼마 지나지 않아 열강들의 세력 다툼은 다시 시작되었다.

세상이 달라졌다는 것을 실감하기도 전에 또 다른 혼란이 찾아왔다. 다가올 미래에 대한 기대와 두려움 속에 조선인들은 그들의 미래를 결정할지도 모를 세력들의 행렬을 지켜봐야 했다. 북에서는 평양 시민들이 인민해방을 외치며 좌우로 길가에 늘어서서 미군보다 앞서 전차와 탱크를 몰고 입성한 소련군을 환영했다. 남에서 서울 시민들은 미군이 경복궁 앞 도로를 점거한 채 조선총독부 건물을 접수하고 일장기 대신 성조기를 게양하는 모습을 지켜본다. 다가올 미래를 걱정하며 "소련놈 속지 말고, 미국놈 믿지 마라, 일본놈 돌아온다"라며 경계했지만 해방이 온전히 자신들의 힘으로 이뤄지지 않았다는 사실을 받아들여야만 했다. 자신들의 미래와 운명을 뜻대로 결정할 수 있는 힘이 그들에게는 여전히 없었다.

새롭게 세워진 나라에서도 마찬가지였다. 자신들에게 어떤 일이 일어나고 있는지 알지 못한 채 또 다른 권력의 행렬을 지켜보아야 했다. 선글라스를 낀 장교와 군인들이 나타나 그들에게서 권력을 다시 가져갔고, 뒤이어 남쪽 도시의 시민들을 짓밟고 권력을 잡은 군인들이 탱크를 몰고 나타났다.

그러나 이번 축제는 조금은 달랐다. 그들은 전쟁의 참화를 극복하고 한강의 기적을 이루어낸 주역들이다. 처음으로 그들이 주체가 되어 세상에 자신을 알리는 자리였다. 그러나 그 자리에서도 여전히 그들은 들러리를 서고 있다. 그들을 대신해 무대에 오른 것은 탈을 쓴 인형이다. 호랑이 인형에 작은 상고 모자를 눌러 쓴 우스꽝스런 모습이다. 이 광경은 이상하게 우습고 텅비어 있다. 사람들은 이 자리가 자신들을 위한 축제가 아니라고 생각하는 것일까. 우스꽝스러운 탈을 쓰고 인형 옷을 입어야만 축제에 초대받을 수 있다고 생각하는 것은 아닐까.

독립영화 감독 김곡은 1970,80년대 한국영화에 드러난 한국인의 정체성을 보여주는 중요한 캐릭터로 '바보'를 꼽는다. 하길종 감독의 「바보들의 행진」(1975)이나 이장호 감독의 「바보선언」(1983) 같은 문제작은 이를 명시적으로 보여주는 작품이다.

"우리는 바보예요. 바보, 병신, 쪼다, 여덟 달반이에요." 「바보들의 행진」의 주인공 병태가 남긴 자조적인 대사다. 1970년대는 긴급조치●

● 1972년 개헌된 유신헌법 제53조에 근거해 대통령이 발령했던 특별조치. 법률적 효력을 지녔던 긴급조치는 모두 아홉 차례 공포됐다. 박정희 대통령은 긴급조치를 통해 자신에 대한 일체의 비판이나 반대 행위를 철저하게 탄압하면서 무소불위의 권한을 갖게 됐다. 1980년 10월 27일 유신헌법이 개정되면서 긴급조치는 폐지됐다.

의 시대였다. 1974년 1월 8일, '대통령 긴급조치 1호'가 발표된 날 시인 김지하는 이렇게 썼다. "1974년 1월을 죽음이라 부르자." 국민의 자유와 권리를 제한하고 일상마저 옥죄는 유신체제 아래서 주인공들은 어릿광대를 자처한다. 부러 유치하고 우스꽝스럽게 굴거나 장발단속을 피하겠다며 목숨 걸고 육교에 매달리는 정신 나간 짓을 벌이는가 하면 어느 날에는 고래를 잡겠다며 자전거를 끌고 바다로 뛰어드는 기행을 감행한다. 그들은 옴짝달싹 못하는 깊은 절망과 무력감을 어릿광대 가면 속에 감추어야 했다. 가면 아래서는 비명조차 지를 수 없었다.

이장호의 「바보선언」에서 그 분열은 극에 달한다. 세상은 더 강퍅해졌고, 사람들의 마음속에서 고래는 사라진 지 오래다. 한낮의 물질주의와 밤의 쾌락이 폭압적인 정치 상황을 가리는 스크린이 되었다. 주인공 똥칠이와 육덕이는 뭐 하나 제대로 할 줄 모르는 바보에 백수다. 게다가 비루한 인생을 살아가는 하층 계급이다. 그들에게는 사랑도, 인간적인 관계도 허락되지 않는다. 그들이 할 수 있는 것은 기행에 가까운 바보짓이거나 퇴행뿐이다.

이 오랜 자기비하의 감정은 그보다 더 오래된 연원을 가지고 있다. 유현목의 영화 「오발탄」(1961)은 '바보들의 연대기' 서막쯤 되겠다. 「오발탄」의 주인공은 허깨비처럼 살아간다. 전쟁의 흔적이 남은 거리를 걷고 또 걷지만 텅 빈 눈길은 어디에도 머물지 않는다. 그저 허공을 맴돌거나 고개를 떨군 채 땅을 향할 뿐이다. 전쟁이 끝나자 사람들은 모든 긍정적인 삶의 감각에 상처를 입히는 폐허 같은 현실과 맞닥뜨려야 했다. 하루하루를 견디는 일이 버거웠다. 생의 의지를 갖는 것은 사치에 가까웠다. 표정이 사라지고 감정이 탈색된 허깨비가 아니라면 아무것도 모르고, 아무것도 보지 않는 바보가 되는 수밖에 없었다.

독일의 소설가 제발트는 『공중전과 문학』에서 독일인들의 의식에서 삭제된 연합군의 무차별적인 공습과 그 참화를 추적하며, 독일의 기적이 얼마나 커다란 억압 뒤에 이뤄졌는지 폭로한 바 있다. 폐허 속에 남겨진 이들이 겪었던 상상할 수 없는 고통은 제대로 공유되거나 발화된 적이 없다. 많은 독일인들은 "무시무시한 폐허 사이를 아무 일도 없었다는 듯이, 늘 그랬다는 듯이 무덤덤하게 걸어서"• 일터로 향했다. 전쟁의 상처를 딛고 지체 없이 국가 재건의 • W.G. 제발트, 『공중전과 문학』(문학동네, 2013) 전선에 뛰어들어 '라인강의 기적'을 만든 영웅주의의 또 다른 얼굴은 바로 그러한 무감각이었다.

역사의 심연은 그렇게 깊어서, 사람들의 마음에 남겨진 근원적인 결락을 이해하는 것은 불가능한 것처럼 보이기도 한다. 한강의 기적을 일궈낸 주역들은 민주화와 서울올림픽이라는 화려

서울, 1988

힘 승리를 이뤄냈지만 고통스러운 과거의 기억을 떨쳐내지 못하고 상실감에 집착한 채 자신의 얼굴에 확신을 갖지 못하는 것 같다. 자신들의 얼굴을 알아볼 수 있는 사건이 아직 부재한 것일까? 그들은 여전히 자기 자신을 오해하고 있다.

그들의 마음에는 아직도 억눌린 기억과 부자유, 공포에 눌린 무기력함이 드리워져 있다. 선조들이 그러했던 것처럼 그들 스스로 역사의 가장자리를 따라 힘겹게 걸어온 그 길이 바로 광장이 되었고, 그들 각자가 그 길을 만들어왔다는 것을 확신하지 못하는 것 같다. 그래서 아직도 탈을 벗어던지지 못하고 있는지 모른다.

얼굴들, 헐벗은

1930,40년대 일본 민속학자들이 한국과
중국의 민속을 조사하며 촬영한 유리 건
판 사진*을 볼 기회가 있었다. 사진들은
3.1운동 이후 조선 총독부가 주도한 문화

* 롤필름이 개발되어 대중
화되기 이전 젤라틴 성분
의 감광유제를 유리판에
발라 건조시켜 필름 대용
으로 사용하던 사진 기술.

동화 정책의 일환으로 조선의 문화적 열등성과 식민지 민족으
로서 역사적 운명을 논증하기 위한 자료로 이용됐다고 한다.

시골의 농부들과 풍속들, 의례를 담은 사진에서 카메라 앞에
당당하게 모습을 드러낸 일본인들에 비해 조선인들은 자신의
의도와는 상관없이 힘없는 피사체로 다뤄지고 있었다. 일본 학
자들이 조선인들을 바라보는 시선은 미개한 지역에 사는 원주

민들을 바라보는 시선과 그리 다르지 않았다. 하지만 그것만이 우리가 볼 수 있는 전부였을까? 그들을 '식민 담론' 안에서 희생된 이름 모를 누군가로 규정하고, 또 다른 '미개한 원주민'으로 바라보는 시선 역시 '그들의 눈에 비친 우리'에서 조금도 나아가지 못한 것은 아닐까. '그들의' 시선으로 1930년대 조선과 조선인을 바라보는 것은 '우리' 역시 마찬가지였다. '그들'의 시선을 그대로 용인하고 답습할 때, '그들'의 시선이 작동하는 프레임은 달라지지 않는다.

유리 건판 너머로 반세기도 전 조선 어딘가에 살았던 촌부가 우리를 바라보고 있었다. 논 중간에 서서 카메라를 향해 고개를 돌렸던 나이 지긋한 농부의 얼굴이 눈앞에 있었다. 순간, 그의 존재가 아득히 먼 저곳에서 나를 향해 다가왔다. '언젠가 한 사람이 그곳에 살았다'는 단순하지만 명백한 사실. 시공간을 견뎌낸 존재감이 마음의 일렁임으로 다가왔다. 그것은 특별한 경험이었다.

사진 속에 등장하는 조선인들은 자신들이 사진 찍히고 있다는 사실보다 낯선 이들의 등장에 의아해하거나 그들이 들고 있는 사진기에 더 큰 관심을 보이는 것처럼 보였다. 물론 카메라를 든 사람들이 가진 권력을 의식하고, 경계하기 때문일 것이다. 그런데 한편으로는 어떤 모습으로 사진 찍힐지 가정하지 않기에 애써 표정을 꾸미거나 미소를 짓지도 않는 것으로 보였다. 그들은 카메라 앞에서 무덤덤했다.

바르트가 '무반응'의 관계를 말한 것은 그러한 태도를 두고였는지도 모르겠다. 기억과 단상을 앨범처럼 꾸민 책에서 바르트는 모로코인들이 사람을 대하는 시선에 대해 이렇게 묘사하고 있다. "그들은 나에 대해 어떤 이미지도 가지고 있지 않은 것 같아 보였다."● 모로코 사람들은 바르트가 '선량한 서구인'이라면 할 법한 이런저런 행동을 했음에도 별다른 반응을 보이지 않았다. 그를 특별한 어떤 사람으로 생각하지도 않았고, 그에게 잘 보이려 하거나 아첨하지도 않았다. 처음에는 그런 '무반응의 관계'가 사람을 지치게 만드는 그 무엇으로 느껴졌다고 바르트는 솔직하게 고백한다. 그러나 그것이야말로 그들만의 "문명의 자산"이며 "사랑스런 대화의 진정한 변증법적 형태"임을 깨달았다고 덧붙였다.

● 롤랑 바르트, 『롤랑 바르트가 쓴 롤랑 바르트』(강, 1997)

'무반응'의 관계는 타인을 바라보는 특정한 시선과 그 시선을 통해 만들어진 이미지들에 근거한 인간관계와는 거리가 멀 것이다. 타인을 자신의 틀대로 규정짓거나 자신을 기준으로 판단하고, '어떠하다'는 식의 '형용사'로 제한하지도 않을 것이다. 자신에게 부과된 이미지에 저항하며 바르트는 그러한 이미지들이 비어 있을 때 관계가 가능하다고까지 말한다. 이러한 태도는 오늘날 우리가 이미지를 대하는 방식과는 거리가 멀다. 어떻게든 자신에 대한 이미지를 만들고, 그렇게 만들어진 이미지로 명명되길 바라니 말이다. 오늘날의 셀카 사진들이 지루할 만큼 동일한 포즈들의 연속인 이유이기도 하다.

자기 자신을 이미지의 영역으로 몰아가는 일이 어떤 것인지 우린 알지 못한다. 그곳은 바르트가 저항하는 지배와 죽음의 영역이기도 하다. 일본 민속학자가 아카이브 형식으로 만들어낸 사진 이미지들이 조선인들에게 '미개한 민족'이라는 이미지를 덧씌우고 고착시키려는 시도였던 것처럼 말이다.

자신이 어떠한 이미지로 보일 것이라는 '가정'은 어디에서 오는 것일까. 그런 가정이 없을 때 혹은 자신의 존재를 드러내는 것이 무엇인지 의식하지 않을 때 사람들의 얼굴은 과연 어떤 모습일까. 종종 가까운 사람이 찍은 사진에서 발견되는 방심한 듯한 멍한 표정에 가까울까. 혹은 다이앤 아버스가 발견한, 어떤 것을 놓아버린 듯한 광기 어린 무표정에 가까울까.

해는 이미 져서 주위는 어둑하다. 아이는 목마 인형을 들고 집으로 돌아가는 길이다. 조금은 쓸쓸한 풍경의 골목을 들어서는 멍한 아이의 표정에 왠지 마음을 놓을 수 없다. 아이에게 닥

성남, 1987

전라남도 구례, 1987

처올 미래의 일은 무엇일까. 다른 아이로부터 따돌림을 당하는 것은 아닐까. 집으로 돌아가면 따뜻한 저녁밥이 기다리고 있을까. 아이의 가족은 그를 전혀 이해해주지 못하고 치유해줄 생각도 없는 꽉 막힌 가족은 아닐까.

기찻길 가에 서 있는 여자 아이를 만난다. 아이는 찻길로부터 등을 돌린 채 우리를 보고 서 있다. 역광에 가려 아이의 얼굴엔 짙은 그늘이 드리워져 있다. 아이는 시선을 반기지 않는다. 입에는 바람개비가 물려 있다. 어떤 이야기로 말을 걸 수 있을까. 비가 오려는지 하늘엔 양떼구름이 몰려온다.

누군가의 얼굴이 되기 이전의 어떤 얼굴이 있다. 우리를 향한 어떤 기호가 있는지 발견하려 하지만 완강한 무표정에서 아무것도 얻지 못할 때도 있다. 사실 얼굴에서 우리가 얻을 수 있는 것은 생각보다 많지 않다. 우리 자신을 위한 기호가 아니라면.

그저 하나의 얼굴이 다가온다. 당신과 나의 얼굴이 그러한 것처럼, 그것은 헐벗은 얼굴이다. 레비나스가 말한 헐벗은 타자의 얼굴, 소유할 수 없고 동일화될 수도 없으며 무엇보다 나에게 규정되지 않는 얼굴 말이다. 그럴 수 있다면, 우리는 그 얼굴 앞에서 경계를 허물고 무력화된다. 그리고 늘 잊고 있던 사실을 깨닫는다. 우리가 응시하는 이미지에 대해, 우리가 바라보는 얼굴에 우리 자신이 응답하는 자라는 사실을.

6

징후들

서울역에서 만난 어머니와 아들

지금은 거의 볼 수 없지만 몇 년 전만 해도 지하철에서 앵벌이 하는 사람을 심심찮게 볼 수 있었다. 앵벌이들에겐 저마다 사연이 있었다. 못 본 척 지나칠 수 없었던 것은 갓난아이를 업고 나온 엄마 앵벌이였다. 가여운 마음에 껌 같은 물건을 사주거나 동전을 쥐여주면서도 마음 한편에서는 의심을 거둘 수 없었다. 등에 업은 아기는 엄마의 아이가 맞는지, 아이도 실은 앵벌이 집단의 한 명이 아닌지, 엄마는 아이를 제대로 돌보고 있는지 궁금했다. 대단한 도움을 주는 것도 아니면서 이런 생각을 하는 것이 속물처럼 느껴지긴 했지만 호기심을 억누를 수 없었다. 선의를 가장하긴 했지만 적어도 그런 관심을 갖는 것이 외면하는 것

보다는 낫다는 생각도 들었다.

어느 날인가부터 그들은 자취를 감추었다. 지하철 내 잡상인 단속이 강화되면서 단속을 피해 다른 곳을 알아봐야 했을 터였다. 앵벌이를 그만둘 정도로 사정이 하루아침에 나아졌을 리 만무하니 말이다. 그런데 두 달 전 다른 장소에서, 다른 모습의 그들을 마주쳤다. 이번에는 더 잔인하고, 더 서글픈 광경이었다.

서울역 4호선에서 공항철도로 갈아타기 위해 환승 통로로 향하는 길이었다. 50대 중반의 중년 여성과 20대 중후반으로 보이는 남성이 앞서거니 뒤서거니 걷고 있었다. 두 사람 모두 작은 캐리어를 끌고 있었다. 먼저 눈길을 끈 것은 캐리어에 붙은 여러 개의 스티커들과 낙서들이었다. 캐리어에는 수하물 스티커 대신 탄핵 반대를 주장하는 각종 구호가 인쇄된 스티커와 야당을 비판하는 글이 도배되어 있었다. 신종 시위 도구라고 해도 손색이 없을 것 같았다.

이번에도 몹쓸 호기심이 앞섰다. 평상시 걸음대로라면 그 둘을 앞설 수 있었지만 보폭을 줄여서 뒤를 따랐다. 간간히 들리는 소리로 짐작해보니 그 둘은 어머니와 아들로 보였다. 어머니로 보이는 중년 여성은 아들을 향해 빠르게 말을 쏟아냈다. 아들 때문에 시간이 늦어졌고, 빨리 서둘러야 한다고 재촉했다. 이어 어머니는 야당 정치인을 비난하는 거친 욕을 쏟아냈다. 이어 비난은 아들을 향했고, 거친 욕으로 이어졌다. 아들은 별다른 대꾸를 하지 않고 뒤처질세라 바삐 걷기만 했다.

얼핏 본 아들의 옆모습과 걸음걸이로 보아 장애를 가진 것 같았다. 그러고 보니 어머니도 몸이 아픈지 걸음이 온전치 않았다. 행색도 남루했다. 어머니와 아들은 에스컬레이터에 올랐고 나는 잠시 걸음을 멈추고 그들의 뒷모습을 바라보았다. 그날 서울역 광장에서는 '새로운 한국을 위한 국민운동'이 주최하는 박근혜 탄핵 반대 집회가 열렸다.

지하철에서 앵벌이를 하는 사람들을 볼 때마다 그들 뒤에 누가 있는지 늘 궁금했다. 힘없는 사람들에게 구걸을 시키고, 굴욕을 견뎌가며 벌어온 돈을 갈취하고, 노예 같은 삶을 연명하도록 강요하는 사람들은 누구인지 말이다. 하지만 이제는 더 이상 궁금하지 않았다. 다만 무엇이 여전히 변하지 않았는지 알 것 같았다. 공포와 복종에 근거한 체제로부터 사람들이 무엇을 배우는지 알 것 같았다. 그것은 그 자신을 혐오와 멸시의 대상으로 삼는 체제에 대한 예속이었다.

지금, 우리에게 가장 훼손된 말이 무엇인지 생각해본다. 두말할 것 없이 '어버이'라는 단어가 떠올랐다. 그 말은 본래의 의미

를 잃었을 뿐만 아니라 성반대의 실체를 지시하는 허위의 기호
가 되었다. 그것은 가장 힘없는 말이면서 동시에 가장 끈질긴 말
이기도 하다. 가장 초라하면서도 가장 겁박하는 존재. 그것은 이
데올로기처럼 강력하지만 또한 그 자신을 소외시키기도 한다.
말이 훼손될 때 그 말이 지시하는 관계 또한 훼손될 것이 분명
하다. 그것은 우리 삶의 가장 비인간적인 모습이기도 하다.

기억나지 않음

영상이 시작되면 카메라는 사람들이 오가는 광장 바닥에 떨어진 작은 플라스틱 생수병을 발견하고 그 움직임을 따라간다. 생수병은 사람들의 발에 걸어차여 이리저리로 나뒹군다. 잠시 시야에서 사라졌던 생수병은 다시 나타나 한 소년의 발에 걸리고 소년은 축구공처럼 생수병을 가지고 논다. 그것도 잠시, 소년은 이내 어디론가 뛰어가고 생수병은 바람에 날려 광장 구석으로 밀려난다. 몇 분이 지났을까, 카메라의 시선을 좇아 화면을 지켜보던 사람들은 문득 깨닫는다. 자신이 어느 순간부터인가 어떤 극적인 상황, 이를테면 생수병이 박살나는 광경을 기대하고 있었다는 사실을 말이다. 그들의 바람대로 생수병은 급기야 자동차들이 달리고 있는 도로에 떨어지고 자동차 바퀴에 치이는 것으로 영상은 끝난다.

퍼포먼스를 중심으로 작업해온 작가 프랑시스 알리스가 1996년 발표한 10분여 남짓한 이 영상은 긴 제목을 갖고 있다. 「만약 당신이 전형적인 관객이라면, 당신이 정말로 하고 있는 것은 사건이 발생하기를 기다리는 것이다」. 긴 제목은 여러 개의 질문을 함축하고 있다. 무언가를 바라보며 우리는 단지 바라보기만 하는가? 그 행위 속에 다른 의도는 담겨 있지 않은가? 어떤 상황에서 단지 관찰자로 남는 것은 과연 가능한가? 바라봄을 통해 상황에 개입하게 되는 것은 아닌가? 이 모든 상황에서 당신은 단지 관객으로 남기를 원하는가? 당신은 전형적인 관객인가?

영화 같은 한 장면의 사진이 우리를 끌어들인다. 인적 드문 도로에서 발생한 사건. 상황은 알 수 없지만 어떤 일이 벌어졌다. 누군가 우연히 그 광경을 목격했다. 여기까지는 아무런 문제될 게 없다. 문제는 늘 그다음이다. 상황을 목격한 사람의 다음 행동은 무엇인가? 그냥 그 자리를 떠날 것인가, 아니면 어떤 일이 벌어졌는지 알기 위해 구체적인 행동을 할 것인가? 물론 상황에 따라 다를 것이다. 그러나 상황이 어떠하든 그 자리에 있

었고, 그 일을 지켜보았다는 사실은 변하지 않는다.

사진은 우리가 공모한 어떤 것에 대해 증거를 들이민다. 무슨 일이 벌어진 것일까. 사진은 사건이나 사태에 대해 알려주지 않는다. 어떤 일이 발생한 직후에 찍은 것 같은 인상을 준다. 사진가의 관심을 끄는 것은 사건 후의 영향인 것 같다. 그 영향 안에서 살아가게 될 사람은 우리 자신이다.

사람들은 어떤 상황을 지켜보거나 어떤 이미지를 바라보는 일이 담고 있는 의미에 주의를 기울이지 않는다. 단지 보는 것이니 문제가 될 게 없다거나 시선을 거두면 될 일이라고 생각하기 쉽다. '전형적인 관객'으로서 극적인 사건을 기대할 뿐, 무언가를 본다는 것의 의미나 사회적 파장에 대해서는 고려하지 않는 경우가 대부분이다. 그러나 우리가 함께 지켜본 그날 그 일 이후 이제는 더 이상 그럴 수 없다는 것을 알아버렸다.

그날, 봄 바다에서 사람들을 태운 배가 쓰러지는 광경을 우리는 오래도록 지켜보았다. 어떤 사람들은 바다에서 일어난 사고에 지나지 않는다고 했다. 그러나 그것이 단순히 사고였다 할지라도 그 광경을 지켜본 사람들은 어떤 영향 속에 놓이게 되었다. 무엇보다 자신이 본 것이 무엇인지 다른 누구도 아닌 자기 자신에게 설명해야 하는 상황에 놓인 것이다.

바라봄은 그 행위에 대한 증언을 요구한다. 증언의 일차적인 대상은 자기 자신이다. 다른 누구에게 말하지 않더라도 자기 자신에게만큼은 자신이 본 것이 무엇인지 납득시켜야 한다. 그것이 이뤄지지 않을 때, 혹은 그것을 거부하거나 회피할 때, 더욱이 자신이 본 것이 충격적이거나 윤리적이지 않은 행위나 상황이라면 문제가 발생한다. 납득되지 않은 경험은 억압될 뿐 기억에서 사라지지 않는다. 아니, 기억에 남아 있다는 사실조차 망각된 채 무의식에 저장된다.

세월호의 침몰 앞에서 사람들이 느꼈던 감정 중에는 슬픔만큼이나 어떤 혼란이 있었다고 짐작한다. 과연 자신들이 바라본 상황을 무엇이라 해야 하는지 사람들은 알지 못했다. 배는 기울어가고 있는데 사람들은 모두 구조된 것일까? 지금 내가 바라보는 것은 구조의 현장인가? 아니면 누군가가 죽어가고 있는 것을 그저 속수무책으로 지켜보고 있는 것인가? 도대체 왜 배는 침몰된 것인가? 왜 아이들을 구조할 수 없었나? 그 모든 것이 해명되길 바랐던 것이다.

혼란을 가중시킨 것은 언론을 통해 반복적으로 노출된 세월호의 사고 장면들 때문이기도 했다. 항공 헬기에서 부감으로 촬영된 배의 침몰 장면이나 선수만 남은 세월호를 촬영한 장면은 바라보는 사람을 전형적인 관객의 자리에 몰아넣는 이미지들이기도 했다. 모두가 지켜보고 있지만 아무것도 할 수 없는 상황을 각인시킨 것이다. 그 이미지들은 어떤 개입이 아니라 기대되는 감정의 소비, 패턴화된 시선의 소비를 바라고 있다. 시간이 지나 화면을 촬영한 항공 헬기나 구조정이 사건 당시 보였던 임무의 방기와 태만이 알려지면서 상황은 더욱 나빠졌다. 그것을 지켜보았던 사람들 역시 공모자가 되어버린 듯한 죄책감에서 자유로울 수 없게 됐다.

어떤 대상이나 상황에 직면한 주체로서 우리는 자신의 감정의 증인이기도 하다. 설령 자신이 보았던 것을 기억 속에서 지워버리거나 본 적이 없다고 부인한다 하더라도 그때 느꼈던 감정마저 쉽게 사라지지는 않는다. 그 감정은 해명되지 않았고, 그래서 이름 붙일 수 없는 것이어서 더욱 그러하다. 눈먼 아이처럼 마음속을 헤매고 다닐 것이 분명하다. 그 감정이 해명되거나 거기에 정당한 이름을 붙여주기 전까지는.

"이 세계에는 단 한 번 일어났어야 하는 일들이 너무 많이 일어났다"라고 젊은 시인은 말했다. 그 일이 벌어졌을 때 우린 무엇을 하고 있었나. 그 질문 앞에 서지 않기 위해 사람들은 필사 • 하재연, 「단 한 번 뿐인 일들」에서. 『세계의 모든 해변처럼』(문학과지성사, 2012)

적으로 귀를 틀어막는다. 혹은 그 질문을 앞에 두고서라도 자신의 무능력을 확인하는 일에 익숙해졌노라며 무감한 표정을 짓는다. 그러면서 상황은 달라질 게 없다고 되뇐다. 더 나쁜 일들은 계속 일어날 것이므로. 그렇게 우린 망각의 전문가가 되어간다.

우리는 모두 각자 다른 상황 속에 놓여 있다. 그러나 또 그렇게 각자 다르게 이 세계에 연루되었다는 사실을 피할 수는 없다. 그것은 무슨 일이 일어났다는 사실만큼이나 분명한 사실이다. 그 사실을 외면할 때 우리의 고립은 더욱 빨라질 것이다. 눈 가린 무사함으로 자신을 속일지라도.

서부영화의 첫 장면

텔레비전은 안방에 있었고, 〈주말의 명화〉 시간에 마음 놓고 볼
수 있는 영화는 서부극뿐이었다. 아버지가 즐겨 보신 장르였다.
「무도회의 수첩」이나 「시벨의 일요일」처럼 아름답지만 왠지 슬픈
제목의 영화가 보고 싶었지만 아버지는 일치감치 불을 끄셨다.

장르 영화가 대개 그렇듯 서부영화도 그만의 클리셰가 있다. 나
쁜 남자들과 더 나쁜 남자들의 싸움이라는 것은 변치 않지만. 당
신도 어쩌면 알고 있을 영화의 첫 장면이다.

(떠돌이 무사가) 바람이 휩쓸고 간 황량한 풍경을 걸어 마을을 향
해 갈 때 사람들은 제각기 다양한 수준의 비참과 빈곤을 내보인

다. 개 한 마리가 입에 사람 손목을 문 채 지나간다.

_히토 슈타이얼, 『스크린의 추방자들』(워크룸, 2016)에서

현대미술 작가 슈타이얼은 구로자와 아키라 감독의 「요짐보」 (1961)의 첫 장면을 이렇게 묘사한다. 사무라이 영화를 서부극의 모티프로 재해석한 「요짐보」의 첫 장면은 이후 서부영화에서 반복적으로 복제되는 이미지이자 영화사에 기록될 명장면이기도 하다.

영화는 도쿠가와 막부 말기 혼돈의 시기, 무법자들 간의 세력 다툼 속에 황폐해진 마을에 낭인이 되어 떠도는 사무라이가 등장하며 시작된다. 사무라이는 마을의 용병으로 고용되어 두 패로 나뉜 악인들 사이를 오가며 마을의 평화를 위해 활약한다.

영화가 그려내는 풍경은 왠지 낯설지 않다. 기억 속에 남아 있는 1980년대의 어떤 느낌과 맞닿아 있기 때문이다. 그것은 굵은 입자로 그려진 황폐하고 폭력적인 풍경이다. 모든 것은 잿빛. 민둥산에는 아무런 서정도 그림자를 드리우지 않는다. 누구도 누구를 돌보지 않는, 누구도 믿지 않는 세계. 그곳을 지배하는 것은 법도 무엇도 아닌 힘의 논리다. 동네는 황량하고 더럽다. 사람들은 음산한 힘에 짓눌린 채 살아간다. 일을 마치면 집으로

부산, 1987

돌아와 일치감치 문을 걸어 잠그고 홀린 듯 텔레비전 앞에 모인다. 흑백 화면에 시선을 고정한 채 모든 것이 잘 되어가고 있으며 법과 정의는 살아 있다는 것을 확인받는다.

서부 영화에서 가장 인상적인 순간들은 문이 열리고 닫히는 장면이다. 마을에 있는 유일한 술집 문을 거칠게 열고 들어오는 이는 늘 싸움을 거는 악당이고, 그는 어설픈 총질로 무가치한 죽음을 맞으며 피비린내 나는 싸움을 예고한다. 술집을 찾은 사람들은 또 다른 악당의 출현을 감지하고 애써 불안한 표정을 감추며 술집의 문이 열리고 닫히는 장면을 주시한다. 긴장이 극에 달하는 순간은 총잡이들 간의 결투를 앞두고 마을 사람들이 덧문을 걸어 잠그는 때다. 여자들과 힘없는 노인들은 문이란 문은 모두 걸어 잠그고 두려움에 떨며 누가 이기든 그저 싸움이 빨리 끝나기를 기다린다. 덧문이 닫히는 순간 내비치는 그들의 얼굴에는 날이 선 무표정과 깊은 피로감이 엿보인다. 개들과 고양이들도 꼬리를 내린 채 자취를 감춰버리고, 마을에는 인적이 끊긴 채 괴괴한 바람 소리만 감돈다. 이제 결투가 시작된다.

「요짐보」는 악인들 간의 싸움이 끝난 뒤 시체 더미들 위로 모래바람이 부는, 황폐하고 허무한 풍경으로 결말을 맺는다. 그것은 정의를 세우기 위한 싸움이었을까. 분명한 것은 무법자들의 결투로 마을은 엉망진창이 되었고, 관 짜는 목수는 돈을 벌게 될 것이라는 사실이다. 언제든 더 나쁜 놈들이 몰려올지 모른다.

결국 남는 것은 흙먼지 날리는 황량한 마을과 숨죽인 채 살아가는 사람들이다. 사람들의 마음에는 저마다 커다란 구멍이 있다. 오랜 싸움에 바람에도 구멍이 날 지경인데 마음에 그 흔적이 남지 않겠는가. 내일을 알 수 없는 불안한 삶 속에 한없이 웅크리고 살아가는 사람들은 마음의 구멍들을 채울 무언가를, 자신들을 구원할 누군가를 기다린다.

1980년대 초반 서울의 동네 골목골목 전봇대나 비어 있는 벽이면 어김없이 '심령대부흥회'라는 글씨에 빨간 십자가가 그려진 벽보가 나부꼈던 것을 기억한다. 고향을 떠나 도시로 몰려든 사람들의 삶과 정신은 황폐해 있었다. 근대 이전의 세계에 뿌리를 둔 그들의 마음이 정착할 자리가 있어야 했다. 각박한 도시의 공기 속에서 휘발되어 사라지는 마음을 붙잡아줄 무언가가 필요했다. 통성기도와 철야기도회로도 달랠 수 없는 무수한 마음의 구멍들이 그들에게는 있었다. 구멍 뚫린 그 마음들은 어떤 상실로 이루어져 있었을 것이다. 그 마음을 비집고 들어와 그들의 갈망을 채워준 것은 무엇이었을까. 전봇대 사이사이로 보이는 교회 십자가와 빽빽이 들어선 고층 아파트는 그 공백을 다 채워주었던가.

그런데 슈타이얼이 「요짐보」의 첫 장면을 이야기하는 이유는

따로 있다. 오래된 이 영화가 실은 매우 동시대적인 상황을 그리고 있다는 점이다. 대의는 사라지고 살아남기 위해 사무라이도 낭인이 되어 떠도는 무법천지의 세상은 자본과 시장의 힘이 횡행하는 신자유주의의 영토와 다르지 않다. 돈을 주면 용병이 되어 누구의 목이든 벨 수 있는 낭인은 컴퓨터 화면상의 숫자놀음으로 멀쩡한 기업을 한순간에 파산시키거나 한 국가를 부도 위기에 몰아넣는 고연봉 고스펙의 금융엘리트 혹은 기업사냥꾼으로 진화했다. 언제든 해고의 위험에 놓여 있는, 거대 금융자본에 예속되어 날품팔이(비정규직 또는 하청의 하청)로 살아가는 노동자들의 삶은 덧문을 닫아걸고 숨죽인 채 불안에 떨던 서부극의 약자들과 별반 다르지 않다.

비참함을 더하는 것은 비루한 현실을 견디면서 그들이 지키려 애쓰는 공동체마저 이미 부서져가고 있다는 것이다. 그들이 할 수 있는 일은 파괴된 공동체를 간신히 유지하기 위해 하루하루의 삶을 받아들여야만 한다는 것이다.

오래된 이미지에 동시대의 현실을 겹쳐 보면, 미처 발견하지 못했던, 과거의 어느 순간에는 해명될 수 없었던 삶의 면모들이 드러나기도 한다. 그때는 충분히 의식하지 못했던 것이 의미 깊은 세부로 다가오는 것이다. 마치 미래의 사건이 이미 과거에서부터 존재했던 것처럼. 이미지는 연대기적인 시간을 뛰어넘어 '예전'이 '지금'과 만나는 사건의 통로가 된다. 이미지는 그래서 징후적이다. 지나간 시간이 새겨져 있고, 다가올 시간의 가능성이 깃들어 있다. 1980년대 어느 동네의 황량한 대기를 포착한 이미지는 여전히 변하지 않는 삶의 곤궁함을 보여주는 단편으로 다가온다. 문을 걸어 잠그고 숨죽인 채 살아가던 사람들의 세상은 얼마나 달라졌나.

몇 년 전 프로젝트에서 만난 청년들과의 대화가 생각난다. 한 청년이 물었다. '사회'라는 것이 있느냐고. 다른 청년은 "알바를 하고, 돈을 버는 곳이 아니냐"고 했다. 그러자 또 다른 청년이 말했다. 자신이 알고 있는 세계는 자신의 방 아니면 정글 같은 세상뿐이라고. 그 사이를 매개할 그 어떤 것도 없었다. 그들을 지켜주거나 보호할 공동체나 국가는 부재했다. 영화에 나왔던, 총잡이들의 결투를 앞두고 덧문을 걸어 잠그는 사람들이 다시 떠올랐다.

문득 아버지는 서부 영화를 보시며 무슨 생각을 하셨을지 궁금해졌다. 세상에서 가장 빠른 총잡이를 꿈꾸셨을까. 아니면 악인의 비참한 종말을 바라셨을까. 폭력적인 세계를 살아가는 방법을 복기하지는 않으셨을까. 그 대답을 이젠 들을 수 없다.

론리 스트레인저

창밖은 여전히 검은 풍경이다. 차창에 비친 얼굴이 낯설다. 마치 다른 세계에서 꿈을 꾸고 있는 사람 같다. 눈을 감으면 지나쳤던 시골의 작은 정거장, 먼지를 뒤집어 쓴 철로 변 처마 낮은 집들, 낯선 도시의 이정표들이 희미하게 떠오른다. 그곳에 사람이 살고 있다는 사실에 왠지 더 쓸쓸해진다. 문득 아침부터 한마디 말도 나누지 않았다는 사실을 깨닫는다. 차창 너머 떠오르는 얼굴이 있다면 그나마 다행일까. 아무것도 보이지 않는 창밖 어둠이 더욱 짙어진다.

누군가 '고향'이 어디냐고 물으면 잠시 멍해져 말을 고른다. 서울에서 태어나고 자랐지만 서울을 '고향'이라고 말하는 것은 왠지 어색하다. 서울은 너무…… 거대하니까. 마치 가질 수 없는 것에 대해 소유권을 주장하는 일처럼 온당치 않아 보인다.

'고향'이라는 말에서 느껴지는 '끈끈한 감정'이 거북한지도 모른다. 아니, 그보다는 '고향'이라는 말 앞에서 모호한 감정을 느낀다는 사실 그 자체에, 멈칫대는 자기 자신에 힘이 빠지는지도 모르겠다. 모두가 아는 농담을 못 알아듣거나 누구나 느낄 수 있는 어떤 감정을 도무지 이해하지 못하는 사람이 되어버린 것처럼.

태어난 고장으로 한 사람의 이름을 부르던 시대가 있었다. 고향이 없는 것은 이름이 없는 것이라고 시인은 말할 수 있었다. 하지만 '고향'이라는 말은 어린 시절 동화에 나오는 너도밤나무나 사시나무처럼 혹은 먼 고장의 이름처럼 멀고 낯설다.

그런 나무들마저도 뿌리가 뽑혀 이주移住한다는 것을 알고 있다. 뿌리 뽑힌 나무들의 여정을 추적한 아티스트 그룹 믹스라이스mixrice의 사진을 보았다. 뿌리 뽑힌 나무가 있던 자리는 탐사 로봇 오퍼튜니티가 촬영한 화성의 물웅덩이와 흡사해 보였다. 아무런 깊이감도 없는 밋밋한 표면에 텅 빈 입처럼 공허한 구멍이 뚫려 있었다. 뿌리가 뽑힌다는 것, 이주의 미래는 그것인가?

우리는 모두 어딘가를 떠나온 사람들이다. 우리가 머무는 도시는 어떠한 인칭성도 함축되지 않은 익명의 시점으로 만들어진 공간이다. 언젠가 그곳은 가보지 않은 낯선 행성처럼 변할지도 모른다. 너무나 많은 것들이 곧 사라질 테니. 지금 지나쳐 간 곳도 머지않아 다른 풍경으로 변모할 테니. 삶은 임시적이므로, 우리 모두는, 우리가 그렇게 살고 있다는 것을 안다

멀리 불빛이 보인다. 도시가 가까워지고 있다는 표지다. 서울을 떠올리면 고속도로 게이트의 '서울'이라는 글자를 떠올린다. 그 순간이 찾아오면, 굳이 드러내지 않았지만 줄곧 느껴왔던 어떤 감정을 확인한다. 먼 여행에서 돌아와 톨게이트로 들어서며 '서울'이라는 표지가 시야에 들어오면 웬지 안심이 된다. 온몸에 퍼지는 달콤한 피곤을 느낀다. 그런 안온함 또는 안도감, 여기서부터는 길을 잃지 않고 집에 돌아갈 수 있어, 라고 혼잣말 할 수 있는 안전지대에 들어선 느낌. 서울은 그곳에 사는 사람들이나 관계들보다 안전한 장소에 대한 감각으로 자리한다. 고향이라는 말 대신 그 감각을 믿고 있다.

승객을 가득 태운 버스는 사람들을 내려놓고, 이내 다시 출발한다. 지나가는 차창마다 우리를 닮은 얼굴이 비친다. 그들은 자기 자신으로 돌아가 하루를 마칠 수 있을까. 그들은 정거장에 내려 무거운 가방을 끌고 불 꺼진 창문, 소리 없는 집을 지나 어두운 골목으로 들어가 모르는 사람들에 둘러싸여 살아갈 것이다. 당신과 내가 그러한 것처럼. 우리는 어느 한 고장의 주민이

아니라 무한 세계의 시민이다.

'내 고향 서울'●이라고 노래했던 뮤지션은 오랫동안 한국을 떠나 있었다고 했다.

● 「내 고향 서울엔」은 검정치마의 노래 제목이다.

그 역시 무한 세계의 시민이다. 서울은 작은 동네의 이름 또는 변치 않기를 바라는 장소의 이름은 아니었을까. 그리워하는 사람이 머물고 있는. 그는 내 고향 서울에 밤새도록 눈이 내리는 광경을 상상한다. 눈이 쌓여도 그대로 두고 싶다고 한다.

나라도 눈을 치우지 않을 것 같다. 쌓인 눈을 오래도록 바라보고 싶다. 그리고 가만히 불러본다. 내 사랑, 서울이라고. 변변한 고향 노래 하나 가져본 적 없는 서울 사람들을 위해 그가 불렀던 노래를.

태안, 1991

미
래
라
는

낱
말

단발머리 소녀야.

어디로 달려가고 있니.

네 얼굴은 그림자에 가려져 보이지 않는구나.

넌 선을 따라 걷지 않아.

뒤를 돌아보지도 않지.

숨을 곳을 알기에.

넌 몸을 숨기는 법을 잘 알고 있어.

그건 이 무시무시한 세계에서 살아가는 방법이기도 하지.

죽은 듯 숨을 잠시 멈추거나 미친 듯이 달리는 것, 혹은 유령이 되거나.

넌 무시무시한 힘을 가진 아이였으면 좋겠어.
가끔은 모두가 널 두려워하길 바라, 널 해치는 사람들이 없도록.

지금 넌 낮은 담장 아래를 달리고 있지만
언젠가 세상의 거대한 벽이 너를 막아설지
도 몰라.
흰 벽에 빛이 가득한 창문을 그려 넣을게.°
네가 그곳으로 빠져나갈 수 있도록.

° 안희연, 「면벽의 유령」에
서, 『너의 슬픔이 끼어들
때』(창비, 2015)

넌 슬픔에도, 기쁨에도 속하지 않는 아이였으면 좋겠어.
어디에도 속하지 않고, 그렇게 달릴 수 있기를.
날쌘 다리와 종아리로 살아갈 수 있기를.

낡은 흙담 아래를 단발머리 소녀가 뛰어간다. 소녀는 어두운
그림자에 갇히지도, 그늘에 몸을 숨기지도 않는다. 건강한 고양
이처럼 낡은 담장을 능숙하게 빠져나간다. 한순간 방심했다면
사라지는 소녀의 모습을 놓쳐버렸을지 모른다.

오래된 사진첩에서 발견한 한 장의 이미지. 과거에서 온 이미

평택, 1988

지의 조각은 오랫동안 감춰져 있던 꿈처럼 여겨졌다. 꿈의 파편처럼 다가온 이미지는 해석이 불가능해 보였다. 그것에 이름을 붙여보고 싶었지만, 낱말이 떠오르지 않았다. 적당한 낱말이 아니라 '올바른' 낱말을 찾고 싶었다. 문득 '미래'라는 낱말이 떠올랐다.

그 말을 떠올리곤 힘이 빠졌다. 그 시간이 영영 오지 않을 것만 같았다. 언제부터인가 미래가 보이지 않았다. 아니, 그 말이 와 닿지 않았다. 설령 그때가 온다 하더라도 우리가 생각하던 그런 시간은 아닐 것 같았다. 미래라는 말을 믿을 수가 없었다. 언제인지는 모르지만 미래라는 낱말은 그 의미를 지탱해주던 어떤 서사에서 떨어져 나와 텅 빈 낱말이 되어버렸다. 누구를 위한 미래? 무엇을 위한 미래일까? 미래를 함께할, 그곳에 있어야 할 무언가를 상실한 느낌이었다. 그 자리에 있어야 할 중요한 무언가를 잃어버린 것만 같았다.

하지만 미래는 늘 우리 곁에 있었다. 현재를 밀어낸 자리에 늘 미래는 있었다. 남들보다 더 빨리, 더 많이 성취하면 그것이 행복이고, 오늘의 고통을 감내하면 더 나은 내일이 올 것이라는 말. 모두가 외운 듯 같은 말을 되뇌었다. 조악하고, 뻔한 말들을. 고생이 풍요로 둔갑하고, 고난의 현재가 복된 내일로 돌아오며, 억압이 자유로 보답받을 것이라 믿었던 시간. 그렇게 끊임없이

211

시간의 장사를 벌이고, 미래의 것을 갈취한 시간. 현재를 희생하고, 과거를 망각하며 달려온, 미래만을 위한 시간. 그런 시간들이 미래를 앗아갔다.

소녀는 출발을 계속 지연하고 있는 것은 아닐까. 달려! 하고, 신호를 보내주길 기다리고 있는지 모른다. 그렇게 멈춰 있는 시간의 주문에서 벗어나 우리를 향해 달려오기를, 우리가 새로운 시간을 흐르게 하길 기다리고 있는지 모른다.

언젠가 소녀는 숨바꼭질 하듯 숨을 곳을 찾아 모습을 감추었다. 하지만 소녀는 그대로 자취를 감춘 것도, 완전히 사라진 것도 아니었다. 소녀는 다시 우리 앞에 나타날 것이다. 놀이를 끝내고 돌아올지 모를 일이다. 소녀가 돌아올 시간은 언제일까. 그 시간은 언제 당도할까. 그 순간을 '미래'라고 믿고 싶어졌다. '미래'라는 낱말이 정당한 서사와 다시 연결될 때라고 생각하고 싶었다. 이 세계는 안전하지도, 정당하지도 않다. 이 세계에 대한 믿음이 회복되기 전까지 소녀는 돌아오지 않을 것이다.

우리의 어떤 마음은 그해 봄 바다에 멈춰 서 있었다. 바르트는 말했다. 애도는 끝없이 이어지는 상태가 아니라 일말의 움직임도 없는 정지 상태라고. 나는 그의 말에 수긍한다. 그 후 우린 멈춰 있는 시간을 살았다. 그것을 대체할 어떤 시간은 다가오지 않았다. 멈춰 있는 상태가 오래 지속될 때의 마음*을 안다. 시간 그 자체를 느끼는 것만큼 고통스러운 일은 없었다.

● 안미옥, 「아이에게」에서. 『온』(창비, 2017)

　이 책은 그 시간 동안 쓰였다. 그사이 아버지가 돌아가셨다. 이 글의 일부는 아버지에 대한 기억과 어떤 시대에 대한 기억을 포함하고 있다. 나의 십대가 담겨 있는 그 시간들을 돌아보며 멈

췌버린 시간들이 곳곳에 있다는 것을 알았다. 자기 자신도 알지 못하는 사이 죽어버린 마음과 그 위에 멈춰버린 시간들. 그 멈 춰버린 시간 속에 딱딱하고 길고 긴 망각으로 봉인된 사람들이 있다는 것을 알았다. 어쩌면 나의 아버지도 그들 중 하나였을지 모른다.

글을 쓰면서, 책을 쓰도록 이끈 제주 사진을 몇 번이고, 바라 보았다. 어느 날인가 미처 보지 못한 것이 있다는 것을 알았다. 비 오는 바다를 바라보고 서 있는 사람들이 누군가의 응답의 말을 기다리고 있다는 사실이었다. 그 말이 그들을 기쁘게 하거 나 행복하게 하지는 못할지라도 다시 살게 할 수 있을지 몰랐 다. 나 역시 그 바다를 향해 응답의 말을 전하고 싶었다.

멈춰 있는 시간 동안 우리는 각자의 바다를 마주하고 있었다. 바다를 바라보듯 우린 광장에서 홀로, 또 같이 서 있었다. 그리 고 오랫동안 그곳에 머물러 있었다. 멈춘 시간 앞에 우린 우리 자신의 마음을 비춰보았다. 우리의 깨져버린 마음을 응시했다.

죽어 있던 마음들이 조금씩 되살아나고 있었다. 조금씩 마음 이 되살아나는 것을 지켜보았다. 그런 우리의 열기로 새로운 시 간이 만들어지고 있었다. 우리에게 주어진 시대가 아니라 우리 가 만들어낸 시간. 속절없이 흘러간 세월이 아니라 우리의 시간. 더 이상 시간에 짓눌리지 않길, 우리의 마음과 다르게 무정하게 흘러가지 않기를 빌었다.

그렇게 광장에서 머물던 동안 어떤 시간이 '발명'되었다. 우리를 닮은 시간. 여전히 부족하고, 충분하지 못하지만 그래도 붙잡고 가야 할 우리의 시간. 아직 아무것도 결정된 것은 없기에 오로지 우리의 마음으로만 흘러갈 수 있는 시간. 그것을 역사라고 말해도 좋지 않을까. 우리 자신이 만든 역사, 바르트가 미슐레를 인용해 말한 '사랑의 항의'로서 역사 말이다.

그 시간이 그해 봄 바다에서 아직 돌아오지 못한 이들을 가족의 품으로 돌려보내주길 간절히 바란다.

기억극장

사진의 순간들,
기억의 단편들

ⓒ김은산 · 이갑철 2017

초판 인쇄	2017년 5월 25일
초판 발행	2017년 6월 5일

지은이	김은산
사진	이갑철
펴낸이	정민영
책임편집	손희경
편집	임윤정
디자인	최정윤
마케팅	이연실 이숙재 정현민
제작처	한영문화사(인쇄) 경일제책사(제본)

펴낸곳	(주)아트북스
출판등록	2001년 5월 18일 제406-2003-057호
주소	10881 경기도 파주시 회동길 210
대표전화	031-955-8888
문의전화	031-955-7977 (편집부) 031-955-3578 (마케팅)
팩스	031-955-8855
전자우편	artbooks21@naver.com
트위터	@artbooks21
페이스북	www.facebook.com/artbooks.pub

ISBN 978-89-6196-295-7 03900

- 값은 뒤표지에 있습니다.
- 잘못된 책은 구입하신 서점에서 교환해 드립니다.

이 도서의 국립중앙도서관 출판예정도서목록(CIP)은 서지정보유통지원시스템 홈페이지
(http://seoji.nl.go.kr)와 국가자료공동목록시스템(http://www.nl.go.kr/kolisnet)에서
이용하실 수 있습니다.(CIP제어번호: CIP2017011941)